GRANDS HOMMES DU CINEMA

GRANDS HOMMES DU CINEMA

TEXTE DE JULIE WELCH

PREFACE DE JANE RUSSELL

Adaptation française de Pierre Calamel

PHOTOGRAPHIES DE

THE KOBAL COLLECTION

GRÜND

Remerciements :

Les éditeurs tiennent à remercier les sociétés de distribution et de production de films dont les photos et portraits figurent dans cet ouvrage : Allied Artist, Anglo Amalgamated, Avco Embassy, Carolco, CBS Theatrical Films, Cocinor, Columbia Pictures, Constantin, EMI, Eon, Europa Film, Filmsonor, Goldcrest, Guber-Peters, Juno Film, Kennedy-Miller, Ladd Company, London Films, Long Road, Lucasfilm, Malpaso, Merchant Ivory, MGM, Mirisch, Mutual, Neue Constantin Film, Orion, Palace Pictures, Paramount Pictures, Polygram, Produzione Europee Associates, Propaganda, Rank Organisation, Rastar, Remus, Republic, RKO, Saul Zaentz, Selzinck Releasing Corporation, Seven Arts, Tri-Star, 20th Century-Fox, United Artists, Universal Pictures, Walter Wanger, Warner Brothers. Photographies des pages 207, 215, publiées avec l'aimable autorisation de Rex Features.

Adaptation française de Pierre Calamel
Texte original de Julie Welch

Première édition française 1985, Sté Nlle des Éditions du Chêne, Paris

ISBN : 2-7000-6605-7
Dépôt légal : août 1993
Édition originale 1989 par Conran Octopus Limited sous le titre original *Leading Men*

Composition et mise en page G.L.J. CONSEIL
Avec la collaboration de Carole Hardoüin

Imprimé et relié en Chine

PAGE 2 Portrait de Gary Cooper, vers 1930

PAGE 6 Portrait de Jane Russell, 1949 par A.L. Whitey Schaefer

SOMMAIRE

PRÉFACE

Mais comment aurions-nous pu vivre et rêver sans nos stars ? C'est grâce à eux que, depuis les débuts du cinéma, le cœur des femmes bat plus fort et que les hommes rêvent d'être des héros.

Il n'était pas une actrice qui n'eût tout donné pour travailler avec l'un deux ? On savait bien que lui, la star, allait obtenir l'amour de la dame, parce que, par la grâce de la caméra, c'est son âme même qu'il révélait, et que nous désirions le prendre dans nos bras et lui répéter que nous l'aimions.

Quoique très différents, nous les avons tous aimés : grands ou petits, tendres ou bourrus, ils pouvaient être beaux et même, oui, ils pouvaient être laids... Mais ils étaient tous séduisants et avaient quelque chose qui les distinguait des autres. Et c'est peut-être cela, le plus important. Chacun d'eux est unique, mais ils sont tous de la même espèce. Ce dont je suis sûre, c'est que je n'en ai jamais rencontré un qui fût dénué d'intelligence ou de sensibilité, et j'ai travaillé avec pas mal d'entre eux - entre autres Clark Gable, Robert Mitchum et Gilbert Roland.

Les stars d'aujourd'hui ont les mêmes attraits. Peut-être à mes yeux ne sont-ils pas aussi beaux que leurs prédécesseurs, et ils ne bénéficient pas comme nous de l'appareil publicitaire de Hollywood, mais ils possèdent néanmoins tout ce que nous exigeons des vedettes masculines, et surtout la principale qualité : ils sont capables d'éveiller notre intérêt et nos sentiments.

Ce livre de photographies inoubliables nous permet de nous abandonner, une fois de plus, à nos rêveries avec eux, nos stars.

INTRODUCTION

Je suis une spectatrice de cinéma passionnée plutôt qu'érudite. Je ne pourrais pas citer mot pour mot le dialogue de *la Prisonnière du désert*, ni raconter dans ses moindres détails l'intrigue de *la Horde sauvage*, ni celle d'aucun des films de Gary Cooper. Mais j'ai, comme tout le monde, mes stars masculines préférées. Certains de ces acteurs ont tourné leurs films il y a de nombreuses années ; d'autres sont des nouveaux venus dont je vois tous les films – qu'ils soient bons ou mauvais – avec un intérêt sans faille.

Il existe sans aucun doute une distinction entre grandes stars et grands acteurs, mais elle est subtile et je la trouve difficile à définir. L'attrait d'une star est à la fois sexuel et romantique, et si le *sex-appeal* est facile à cerner, l'aspect romantique est insaisissable et s'exprime plutôt dans un instant que dans une personnalité ou une attirance physique. Ce peut être Humphrey Bogart au Café américain disant à Sam : « Je croyais t'avoir dit de ne plus jamais jouer ça », ou Fred Astaire tournoyant joue contre joue avec Ginger Rogers dans *Top Hat*. Robert De Niro, dans la neige avec Liza Minnelli, après la visite au juge dans *New York New York*, Martine Carol se dévêtant pour le roi de Bavière (Anton Walbrook) une minute après l'avoir rencontré dans *Lola Montès*, ou encore les dernières scènes de *Broadway Danny Rose*, où Woody Allen court dans les rues de New York pour pardonner à Mia Farrow.

J'ai même remarqué, il n'y a pas bien longtemps, un moment du même genre dans un film avec Clark Gable et Doris Day intitulé *le Chouchou du professeur*. Dans ce film, pourtant tourné à la fin de la carrière de Clark Gable, à peine deux ans avant sa mort (son visage à fossettes est sillonné de rides, son menton s'est alourdi et sa démarche a perdu toute énergie), il a une scène où son air pincé, son attitude condescendante forcent Doris Day à sortir de ses gonds. Et cela vaut le déplacement.

Les recherches que j'ai effectuées pour ce livre m'ont fourni une occasion unique de mieux connaître certaines stars auxquelles j'avais jusqu'alors prêté peu d'attention. J'ai mieux saisi aussi la capacité qu'a le cinéma de refléter et de déterminer notre attitude face aux hommes. Je me suis beaucoup amusée à jeter sur eux un regard neuf pour les classer en types : le taciturne comme Clint Eastwood ; celui qui a manifestement vu, au cours de son adolescence, beaucoup de films de Bogart ; enfin le pacifique à la Cary Grant. J'ai compris que, si la star masculine est toujours entourée d'une aura sexuelle, elle n'est jamais un simple objet sexuel. Ces acteurs incarnent les valeurs et les fantasmes masculins et jouent, pour leur époque, le rôle de modèles, aussi bien les bretteurs et séducteurs latins des années vingt que les héros typiquement américains des années trente, les détectives privés, pleins d'esprit, des années quarante ou les prolétaires des années cinquante et soixante. Ces dernières années, les stars sont redevenues plus machistes. Chaque époque a imité leurs attitudes et leurs habitudes : la diction traînante de Gary Cooper, râpeuse d'Humphrey Bogart, l'expression moqueuse de James Dean, ou encore avantageuse de John Wayne. Et on les imite encore aujourd'hui.

Si l'on examine les stars masculines sous cet éclairage, on constate que le même type réapparaît à différentes époques : seule l'apparence change pour se plier aux modes et aux comportements du temps. Le héros d'aventures de cape et d'épée qui a été incarné en premier par Douglas Fairbanks Sr. dans les années vingt nous est revenu sous des formes différentes au cours des décennies suivantes : Errol Flynn et Tyrone Power, Stewart Granger et le Tony Curtis des débuts. Et aujourd'hui, il y a Harrison Ford. Rudolph Valentino, dont la sensualité sadique et dominatrice a suscité les rêveries érotiques de bien des femmes, et l'envie et les sarcasmes des hommes, a été le premier – et le plus grand – d'une lignée de séducteurs latins qui se perpétue jusqu'à John Travolta.

Ce qui rend les choses encore moins claires, c'est qu'un acteur peut être une star, uniquement à certaines périodes de sa carrière. Ainsi Spencer Tracy, dans les films avec Katharine Hepburn, avant que son personnage atteigne la maturité du Vieux Sage ; ou John Wayne qui a connu l'apogée de son romantisme en face d'une femme forte, Marlene Dietrich, dans *les Écumeurs*. Impossible d'évoquer Robert De Niro comme star sans en parler comme d'un acteur. Humphrey Bogart n'a été, pendant des années, qu'un gangster parmi les autres dans l'écurie Warner Brothers avant que la quarantaine en fasse un personnage romantique, grâce à des rôles comme ceux de Sam Spade dans *le Faucon maltais* et de Rick dans *Casablanca*. Malgré tout le romantisme de certains de ses rôles – tels ceux de *Samedi soir, dimanche matin* ou de *Voyage à deux* –, Albert Finney préfère être considéré comme un acteur tout simplement, et c'est sur scène qu'il aime travailler. En revanche, la réputation de Laurence Olivier comme acteur de théâtre a été telle que l'on oublie souvent que des films comme *les Hauts de Hurlevent* et *Rebecca* avaient fait de lui une idole avant la guerre.

Il arrive souvent, également, que des stars jouent des rôles qui battent en brèche leur propre image. J'ai toujours tendance à penser à Robert Redford comme au personnage kennedyen de *Candidate*. Lui qui est doué de séduction, de succès et de photogénie, détournait dans ce film tous ces aspects pour en révéler de moins estimables – exactement comme Hitchcock avait procédé pour l'image de Cary Grant dans *les Enchaînés* et *la Mort aux trousses* et pour celle de James Stewart dans *Fenêtre sur cour* et *Sueurs froides*, ou Max Ophuls pour Louis Jourdan dans *Lettre d'une inconnue*.

Si l'on garde cela présent à l'esprit, on ne doute plus qu'il se produise entre certains cinéastes et leurs stars quelque chose qui ressemble à une réaction chimique parfaite, une symbiose, comme celle de Martin Scorsese et Robert De Niro. De même, ce qui est très important dans le cas de Gary Cooper, qui a travaillé pour un nombre considérable de metteurs en scène, c'est que chacun d'eux pouvait l'utiliser de manière différente. Gary Cooper n'avait pas un seul visage, mais un visage différent pour chacun de ses réalisateurs.

L'image d'un acteur peut être transformée avec succès par un cinéaste et il en va de même pour l'idée de la star et l'attente du public. C'est ce qu'illustrent le gigolo pique-assiette interprété par William Holden dans *Boulevard du Crépuscule* et les rôles de Richard Gere dans *American Gigolo* et de Jon Voight dans *Macadam Cowboy*. Dans *la Dame du vendredi*, Howard Hawks a transformé la pièce de Ben Hecht, *Spéciale première*, en attribuant le premier rôle « masculin » à Rosalind Russel, face à Cary Grant. Dans *Chantons sous la pluie*, Gene Kelly, interprétant le rôle de Don, raille les stars du muet, qui savaient l'importance de l'image : « De la dignité, encore de la dignité ! » Plus près de nous, Jean-Paul Belmondo a rendu hommage à Humphrey Bogart dans *À bout de souffle* et Woody Allen dans *Tombe les filles et tais-toi*, tandis que le personnage de Peter O'Toole dans *Où est passée mon idole ?* rend, lui, un hommage tapageur, bagarreur et alcoolique à Errol Flynn – ou bien, disent certains, à John Barrymore.

Le hasard n'est pas absent de la création des héros cinématographiques. L'impossibilité où se trouvaient les grandes stars d'interpréter tous les rôles écrits pour elles a donné, à des substituts moins archétypiques, l'occasion de faire leurs gammes romantiques. De Joel McCrea, on a dit : « Il a eu tous les rôles dont ne voulait pas Gary Cooper », et Paul Newman a commencé sa carrière comme un double de Marlon Brando, Clark Gable n'a obtenu son rôle dans *New York-Miami* qu'après les refus de Robert Montgomery et Fredric March. Michael Sarrazin n'avait pas voulu de celui qu'interprète Jon Voight dans *Macadam Cowboy*, et Jack Nicholson a été propulsé au firmament quand Rip Torn a refusé celui d'*Easy Rider*.

Aujourd'hui, seuls, je crois, les rôles de Woody Allen ne pourraient être tenus par d'autres acteurs. Robert Redford serait resté un beau blond de Californie si Marlon Brando, Steve McQueen et Warren Beatty n'avaient pas tous refusé le rôle du Sundance Kid. John Travolta n'a pas voulu tourner *American Gigolo*, et c'est Richard Gere qui l'a fait. Cela est vrai, même pour des interprétations de dimension presque mythologique. George Raft pensait que mourir à l'écran portait malheur, et c'est pourquoi son rôle dans *High Sierra* a été confié à Humphrey Bogart. On lui a aussi proposé celui de Sam Spade dans *le Faucon maltais*, offre qu'il avait déclinée par manque de confiance dans le jeune réalisateur John Huston.

Les stars de l'époque font partie des souvenirs de mon adolescence ; ainsi en va-t-il, je crois, pour la plupart des gens. Chaque fois que j'ai annoncé à des amies que j'écrivais un livre sur les stars masculines, leur première réaction était de m'énumérer leurs préférées : ce qui est le plus intéressant, c'est que nous jetons rarement notre dévolu sur les plus grands. À douze ans, j'étais amoureuse d'une vedette britannique de second rang, Michael Rennie, qui ressemblait un peu à Montgomery Clift et un peu à Charlton Heston : et j'ai passé des jours à pleurer après l'avoir vu dans *le Monde perdu*, parce que c'était un film en couleurs et que je ne m'étais jamais rendu compte qu'il avait les cheveux gris. J'ai aussi été amoureuse de Tab Hunter pour avoir vu sa photo dans le magazine *Photoplay*, exactement comme Judy Garland chantant, devant la photo de Clark Gable : « Cher M. Gable, je suis tombée amoureuse de vous. »

En ce temps-là, au début des années soixante, la ville où je vivais s'enorgueillissait encore d'un cinéma, le Century, et quand je fus remise de la couleur des cheveux de Michael Rennie, cette salle devint le temple où j'adorai Charlton Heston, sanglotant dans mon mouchoir pendant la dernière chevauchée du Cid le long du rivage. Il incarnait, à mes yeux, le summum de la noblesse et du romantisme, mais surtout du Bien, le seul pouvant lui être comparé étant Gregory Peck.

Puis je devins une adolescente éclairée. J'allai voir *Tom Jones* avec mon petit ami, mais je n'avais d'yeux que pour Albert Finney se roulant dans le foin. Puis ce fut *la Grande Évasion*, Steve McQueen, la moto et les barbelés. Je l'aimais précisément parce qu'il n'était pas noble et généreux, comme Charlton Heston, mais rebelle et fou. Vint ensuite *le Lauréat*, avec Dustin Hoffman qui se précipitait dans l'église et enlevait Katharine Ross à point nommé pour l'empêcher de faire un mariage stupide. C'est le geste le plus romanesque que j'aie jamais vu et, quelques années plus tard, alors que, debout devant l'autel, je désirais très fort épouser l'homme qui se tenait à mes côtés, j'eus une brève vision de moi-même sous les traits de Katharine Ross, attendant que Dustin Hoffman l'entraîne et la jette dans un autocar.

La recension des acteurs préférés est aussi un exercice de nostalgie extrêmement agréable. Je dois à ce livre d'avoir fait resurgir dans ma mémoire beaucoup de moments merveilleux. Je me suis rappelé Clint Eastwood, « l'homme sans nom », à dos de mulet au début de *Pour une poignée de dollars*, Robert Redfort et Paul Newman joignant leurs mains et sautant du haut de la falaise dans *Butch Cassidy et le Kid*, et James Stewart reposant le steak dans l'assiette pour arrêter l'affrontement entre Lee Marvin et John Wayne dans *l'Homme qui tua Liberty Valance*. Quant aux moments avec Jack Nicholson, ils pourraient à eux seuls remplir ces pages.

Beaucoup de personnages archétypiques ont fait leur apparition dans les années trente. Clark Gable était du genre ordinaire et prosaïque, tout imbu de sa séduction sexuelle tandis qu'il montait l'escalier d'*Autant en emporte le vent*, Vivien Leigh dans les bras ; c'est avec *l'Extravagant M. Deeds* que Gary Cooper est devenu le héros fort et taciturne qui incarnait les valeurs de l'Ouest américain ; James Stewart, sympathique et gauche, c'était le garçon d'à-côté, optimiste à tout crin, qui s'écriait : « Je veux vivre » lorsque l'ange Clarence Goodboy lui montrait combien le monde aurait été mauvais s'il n'était pas né dans *La vie est merveilleuse*. Il y eut aussi le patriote convaincu – Henry Fonda dans *la Poursuite infernale (My Darling Clementine)* –, et l'Américain d'humeur égale à qui tout réussit, Cary Grant. Il y eut encore des gangsters dangereux mais sympathiques comme James Cagney, et d'autres plus menaçants comme George Raft qui avait, dans la vie réelle, des relations avec le milieu qui ajoutaient encore à son charme. Les acteurs européens évoquaient la bonne éducation, les manières distinguées et la séduction sous les traits de Charles Boyer, Ronald Colman et Leslie Howard, qui seront remplacés plus tard par d'autres continentaux élégants et par des Anglais affables et spirituels, comme David Niven, Rex Harrison, Michael Wilding ou Jeremy Irons.

Puis, dans les années quarante, c'est l'arrivée du « privé » avec ses bons mots, le dur qui agit conformément à un code moral strict, qui est équitable et juste, mais pas nécessairement légal. Tel était Humphrey Bogart dans *le Faucon maltais*, marmonnant : « Quand on a tué votre associé, il faut faire quelque chose. » Quelques années plus tard, ce fut Robert Mitchum dans *Pendez-moi haut et court*, avec son trench-coat fripé et sa cigarette collée à la bouche. « Y a-t-il un moyen de gagner ? » demande la femme fatale Jane Greer qui joue à corps perdu à la roulette, et la réponse de Robert Mitchum s'applique à la vie en général : « Il y a un moyen de perdre plus lentement. » Ni Robert Mitchum ni Humphrey Bogart n'avaient une beauté classique – pas plus, à dire vrai, que John Garfield, autre vedette des années quarante, qui s'était spécialisé dans les repris de justice et autres anti-héros. Leur succès public inattendu donna à Hollywood l'audace de présenter, par la suite, une plus grande variété de stars masculines, douées à la fois de laideur et de beauté, comme Dustin Hoffman ou Al Pacino. Alan Ladd, le tueur angélique, aussi glacé que sa partenaire Veronica Lake dans *Tueur à gages*, était encore d'un tout autre genre ; il a ouvert la voie à l'ange de la violence, Clint Eastwood, vengeur tranquille dans la trilogie de westerns spaghetti de Sergio Leone *(Pour une poignée de dollars, Pour quelques dollars de plus* et *le Bon, la Brute et le Truand)*, et au gangster impitoyable et glacial campé par Alain Delon.

Marlon Brando, James Dean et Montgomery Clift, qui avaient tous trois suivi l'enseignement de Lee Strasberg à l'Actor's Studio, apportèrent une image très différente et plus proche de la véritable masculinité. Leurs héros, comme ceux du dramaturge Tennessee Williams, étaient des hommes imparfaits, complexés, tourmentés dont les problèmes reflétaient les réalités de la vie plutôt que l'illusion hollywoodienne. James Dean n'a, bien sûr, pas eu le temps d'être autre chose qu'un héros romantique, mais de nombreux adolescents se sont identifiés à Jim Stark, son personnage de *la Fureur de vivre*, à sa solitude douloureuse et angoissée et à son besoin désespéré d'amour et de compréhension.

Mais James Dean – comme Marlon Brando et Montgomery Clift et, plus tard, Paul Newman et Steve McQueen – a été marquant aussi pour une autre raison. Avant eux, le cinéma montrait la plupart des grandes stars à l'état brut, avec un style de jeu défini qui revenait à peu près à jouer leur propre personnage. Les innovations techniques et le style d'acteurs comme Marlon Brando ont été déterminants dans l'apparition ultérieure de stars « acteurs », tels Jack Nicholson et Robert De Niro.

De nos jours, d'autres changements encore se sont produits dans l'image des stars masculines, provoqués par le féminisme – les femmes étant traitées comme sujets plutôt que comme objets. Il y a toujours eu au cinéma des stars féminines à la forte personnalité en face de qui des vedettes masculines, comme Melvyn Douglas ou Franchot Tone, jouaient les faire-valoir débonnaires. Pourtant cela n'est pas tout à fait l'équivalent de la star masculine actuelle qui, tout en étant agressive, peut ne pas séduire la femme. S'il y parvient, c'est la qualité de sa relation avec elle qui compte, plutôt que la place qu'elle a dans la vie. Kris Kristofferson face à Ellen Burstyn dans *Alice n'est plus ici* en est un bon exemple.

On peut en dire autant d'Alan Bates dans *la Femme libre* : Jill Clayburgh ne peut souhaiter mieux, mais elle ne se décide pas ; et aussi du trio d'amoureux de Julie Christie dans *Loin de la foule déchaînée*. Certains personnages de Dustin Hoffman sont assez féminins : Ben est, passivement, l'objet de la passion de Mrs. Robinson dans *le Lauréat* ; dans *Kramer contre Kramer*, il se bat contre Meryl Streep pour élever leur fils ; et dans *Tootsie*, il devient littéralement une star féminine. Mais il faut souligner qu'à la fin de ces trois films Dustin Hoffman reprend prudemment son identité masculine.

Les rôles de Dustin Hoffman font néanmoins directement contrepoint à ceux qui relèvent de l'« image mentale macho de l'Américain », selon la formule de Sam Shepard, personnage mis en pleine lumière par Clint Eastwood dans *l'Inspecteur Harry*. Autre cas intéressant : Woody Allen, qui se dégarnit, porte des lunettes et joue les névrosés, le contraire d'une star selon les anciens critères hollywoodiens, et qui pourtant fait la conquête de nombreuses belles femmes, à la ville aussi bien qu'à l'écran : prenons-en, pour exemple, sa relation avec Diane Keaton telle que la montre *Annie Hall*.

Peut-être l'amour à la ville rehausse-t-il l'amour à l'écran, du moins aux yeux du public. Il y a deux façons de voir les choses. L'une, selon laquelle des amants qui jouent des amants brillent d'un éclat qui rend le film inoubliable ; tels Clara Bow et Gary Cooper dans *les Enfants du divorce*, Marlene Dietrich et ses divers partenaires – Gary Cooper dans *Morocco*, James Stewart dans *Femme ou démon* ou John Wayne dans *les Écumeurs*. De même, Clark Gable irradie auprès de Loretta Young dans *l'Appel de la forêt*, de Joan Crawford, dans *Loufoque et compagnie (Love on the Run)*. La tradition continua après la guerre – la rumeur voulait que Montgomery Clift et Liz Taylor aient eu une liaison pendant le tournage d'*Une place au soleil*, Steve McQueen et Ali McGraw vivaient ensemble quand ils jouèrent dans *le Guet-apens*, comme Donald Sutherland et Jane Fonda pour *Klute*. Mais les plus inoubliables restent les films d'Humphrey Bogart et de Lauren Bacall. D'un autre côté, des amants qui jouent des amants construisent peut-être un monde si refermé autour d'eux-mêmes qu'aucun spectateur ne peut y pénétrer. Il est bien certain que l'on peut créer des couples d'une grande intensité émotionnelle sans s'impliquer personnellement comme Humphrey Bogart et Ingrid Bergman dans *Casablanca*. Il semble qu'elle ait été éprise de lui mais que lui n'était pas intéressé

Il reste une constante, l'instant romanesque. Il échappe peut-être à la définition, mais il s'explique de lui-même. Cela ne m'avancerait pas beaucoup de démontrer que le charme d'Humphrey Bogart vient de ses yeux émouvants et de son visage buriné ; il me suffit de vous rappeler la scène de *Casablanca* où il regarde Ingrid Bergman et dit : « Il nous restera toujours Paris. »

L'ÈRE DU MUET

Dans les années vingt, les héros se multipliaient : aviateurs, athlètes, hommes d'État, musiciens de jazz ou criminels. Leurs exploits et leurs hauts faits battaient de vitesse les médias de l'époque qui évoluaient pourtant rapidement. Mais les plus fabuleux de tous, c'étaient les idoles de l'écran, avec leur beauté distante et stylisée, avec aussi leur biographie souvent réécrite avec beaucoup d'imagination. Jusqu'à leur silence qui créait une aura extraordinaire de mystère et de romanesque, et leurs attitudes, dans leur extravagance même, donnaient l'impression de traduire de profondes passions et des sentiments qui dépassaient l'expérience des simples mortels.

La décennie précédente avait vu l'épanouissement du *star-system*. Au début, lorsque le cinéma était encore la chasse gardée de la Motion Picture Patents Company, association impérialiste et monopolistique qui groupait les neuf principales sociétés de production, il n'y avait pas de stars. La compagnie pensait, et elle n'avait pas tort, qu'une star demanderait plus d'argent qu'un acteur employé par le monopole, et les acteurs les plus populaires n'étaient connus que sous le nom de leur personnage, comme Little Mary, ou celui de leur compagnie, comme la fille de la Biograph. Mais quand le cinéma se dépouilla de son image artisanale pour devenir le divertissement de masse de la société américaine matérialiste et ambitieuse, des producteurs indépendants de plus en plus riches et puissants, comme Louis B. Mayer et William Fox, pensèrent à juste titre que ce qu'ils dépenseraient pour une vedette serait remboursé par l'augmentation des recettes, et bien au-delà.

La première star, ce fut Florence Lawrence, lancée sous son vrai nom par un marchand de vêtements immigré, Carl Leammle. À peine quelques années plus tard, les contrats de Mary Pickford et de Charlie Chaplin se chiffraient par millions de dollars. Les acteurs de cinéma devinrent des personnalités de premier plan, dont la vie et les amours alimentaient les potins de tout le pays. Des services de publicité surgirent de toutes parts pour répondre à la curiosité frénétique du public, et *Photoplay*, le premier magazine de « fans », engendra des douzaines d'imitations.

Vers 1920, Hollywood reflétait les valeurs et les comportements des femmes émancipées de l'après-guerre qui, durant le conflit, avaient fait à travers le travail l'expérience de l'indépendance, avaient fini par conquérir le droit de vote et n'avaient aucune intention de reprendre une existence réduite aux tâches ménagères : elles voulaient travailler, elles fumaient et buvaient, elles se maquillaient, elles avaient raccourci leurs jupes et ne portaient plus de corset. Scott Fitzgerald décrivait cette nouvelle génération pour qui « tous les dieux étaient morts, toutes les guerres finies et pour qui la foi dans l'homme était chancelante ». Cette liberté nouvelle s'exprimait aussi par une attitude plus détendue face à la sexualité. C'est ce que formulait le communiqué publicitaire pour la presse concernant *le Cheik* (1921), dans des termes inconcevables avant la guerre : « Il ne voulait qu'une chose, elle savait laquelle, et il l'aurait, c'était seulement une question de temps. » C'est ainsi que commença la carrière, brève mais extraordinaire, de Rudolph Valentino, qui devint pour ses contemporains le « symbole de tout ce qui, dans la nature, est sauvage, merveilleux et interdit ». Les hommes copièrent sa coiffure noire et gominée, ses attitudes pâmées et son comportement amoureux expéditif : les sièges arrière des voitures se transformèrent en tentes parfumées, les journaux publièrent des éditoriaux incendiaires contre l'influence des Lothario étrangers sur la jeunesse américaine et une vague de faux Valentino déferla, parmi lesquels Ricardo Cortez, Rod La Rocque et Antonio Moreno.

Rudolph Valentino ne fut pas le seul à influencer la mode masculine. Douglas Fairbanks Sr., gaillard bien américain, combinait les qualités athlétiques du champion olympique avec la rigueur morale du boy-scout. C'était l'homme idéal, plein de santé et combattant les effets délétères des Européens. Il y eut aussi Ramon Novarro, plus gamin et aux ardeurs moins menaçantes que celles de Rudolph Valentino, et John Gilbert dont la virilité insouciante préfigurait les caractéristiques de Clark Gable, Errol Flynn et Gérard Philipe. Ses débuts comme « amant latin » ne l'ont pas empêché de devenir le partenaire enflammé de Greta Garbo, ce qui a peut-être rendu à beaucoup d'Américains la confiance en soi qu'ils avaient perdue lorsque les femmes n'étaient plus subjuguées que par les séducteurs exotiques.

Entre-temps, les films étaient devenus plus audacieux. Les salles aux fauteuils confortables avaient attiré un public tout prêt à apprécier un cinéma qui lui parlerait des joies matérielles de la vie plutôt que des joies spirituelles. On peut dire que Richard Barthelmess a incarné la tradition victorienne de l'innocence et de la pureté dans des films comme *Tol'able David* (1921), mais d'autres films, en fait, osaient reconnaître que le désir pouvait être une pulsion pardonnable, peut-être même agréable, et que les gens mariés qui s'éprenaient d'autres personnes n'étaient pas obligatoirement immoraux ni condamnables. Les autorités religieuses et laïques purent inciter la censure à refréner les excès moralement condamnables, mais elles n'empêchèrent jamais le public d'accourir.

Aux équivoques de l'écran succédèrent bientôt les scandales privés. Hollywood fut secoué, au début des années vingt, par une série d'événements qui fit la preuve de sa vulnérabilité face aux champions de la morale. Fatty Arbuckle fut inculpé d'homicide involontaire sur la personne de Virginia Rappe, trouvée morte dans sa chambre après une soirée qu'il avait organisée dans un hôtel de San Francisco. Son acquittement ne l'empêcha pas de devenir une brebis galeuse, interdite par des producteurs inquiets. De même, la mort subite de Wallace Reid, en 1923, provoqua un scandale lorsqu'on découvrit qu'il consommait des drogues, très faciles à se procurer dans le milieu du cinéma. Puisque la capitale du cinéma devenait synonyme d'immoralité collective, la profession décida en hâte de s'autocensurer, plutôt que d'abandonner cette fonction aux services qui se disputaient cette tâche, et offrit un salaire de cent mille dollars par an à Will Hays, ministre des Postes et Télégraphe, pour diriger la Motion Picture Producers and Distributors of America Inc. Cette commission d'éthique, plus connue sous le nom de Hays Office, qui contrôlait l'industrie cinématographique a enveloppé Hollywood dans une atmosphère de bienséance feutrée, ce qui n'a pas empêché de produire des films d'une subtilité beaucoup plus évocatrice.

RUDOLPH VALENTINO

Voilà soixante-cinq ans qu'il est mort et pourtant son nom symbolise toujours la passion exotique déchaînée. Valentino demeure une sorte de phénomène érotique plus ou moins bien expliqué auquel on compare bien souvent ses nombreux successeurs. Son jeu était conforme aux exigences du cinéma muet et nous paraît donc caricatural aujourd'hui. Aussi avons-nous tendance à oublier l'impact colossal qu'il eut sur ses contemporains. Son magnétisme résidait dans son talent à exprimer un érotisme torride mâtiné d'extrême courtoisie. Il pouvait séduire les jeunes filles de bonne famille sans respecter les conventions puisque ses intentions étaient nobles. L'exemple même de ce style de séduction apparaît pleinement dans *le Cheik*. Prince du désert, Ahmed Ben Hassam fait une cour brutale à Lady Diana, rôle tenu par Agnes Ayres. Pour un public à peine sorti des affres de la Grande Guerre, c'est l'évasion garantie. Amour et exotisme font bon ménage. Valentino porte un burnous échancré, il a l'œil humide, la narine palpitante. Dans la salle, des femmes s'évanouissent devant cette quintessence de séducteur, à la fois prédateur et refuge.

À dix-huit ans, il est arrivé tout seul de son Italie natale. D'abord jardinier à Central Park, il est engagé comme danseur dans un cabaret de New York. Puis c'est Hollywood où il fait son apprentissage dans une série de petits films bien vite oubliés. En 1921, Rex Ingram lui confie le rôle de Julio, le vaurien sympathique qui saura se racheter en devenant un héros de la Première Guerre mondiale dans *les Quatre Cavaliers de l'Apocalypse*. Succès triomphal, quatre millions et demi de dollars de recettes pour la MGM qui fait tourner Valentino dans trois autres films avant d'accepter de le laisser à la Paramount pour *le Cheik*. Dès lors, le jeune émigré italien prend la première place au box-office et ce pour cinq années consécutives, avec notamment *le Droit d'aimer, Arènes sanglantes, l'Aigle noir* et *le Fils du Cheik*. Toutefois, d'autres films comme

CI-CONTRE Portrait pour la publicité de *l'Hacienda rouge*, 1924

Monsieur Beaucaire et *A Sainted Devil* ternissent quelque peu son image de grand séducteur. En effet, les personnages qu'il incarne dans ces histoires n'ont plus rien des héros virils de ses débuts. De plus, au grand dam des studios, sa vie privée – qui n'a, de par son statut, de privé que le nom ! – ne correspond guère à son image de braséro de l'écran. Son premier mariage avec Jean Acker n'a duré qu'une journée. Sa seconde femme, Natacha Rambova, ne se prive pas de faire savoir que c'est elle qui porte la culotte dans leur couple. Le public hétérosexuel l'abandonne progressivement. Le processus est accéléré quand la presse à scandales s'acharne sur lui, en le surnom-

CI-CONTRE Valentino danse avec Natasha Rambova, vers 1924
CI-DESSOUS *Le Cheik*, 1921, avec Agnes Ayres

mant la « Houpette rose ». La sexualité de Valentino fera couler beaucoup d'encre. On s'interrogera sur les penchants lesbiens de Natacha « qui auraient révélé l'homosexualité latente de Rudolph ». Mais, après tout, Valentino était peut-être le précurseur de nos androgynes célèbres d'aujourc'hui, tels Boy George ou David Bowie. Quoi qu'il en fût, c'est criblé de dettes et sur le point d'être balayé par le cinéma parlant que Valentino quittera cette terre le 23 août 1926, en succombant à une péritonite inopérable. Mort opportune s'il en fût, pour sa légende en tout cas. Des milliers de femmes désespérées suivirent le cortège funéraire, le mythe Valentino était né.

CI-CONTRE *L'Hacienda rouge*, 1924, avec Nita Naldi
CI-DESSOUS *Monsieur Beaucaire*, 1924, avec André Daven
PAGE DE DROITE *Le Fils du Cheik*, 1926, avec Vilma Banky

WALLACE REID

Il fut l'un des premiers à symboliser l'Américain idéal : il était grand, blond aux yeux bleus, un peu désinvolte. À l'écran, il était la plupart du temps au volant d'une voiture, lancé dans de folles poursuites casse-cou.

À force de le voir rouler à tombeau ouvert, son public l'avait surnommé « Wally l'Éclaté ». Malheureux sobriquet, compte tenu de la mésaventure qui allait survenir : en se rendant sur un tournage, il eut un grave accident. Les séquelles étaient si douloureuses qu'il commença à se faire faire des injections de morphine. Très vite, il y eut accoutumance. Comme pour accélérer sa déchéance, Wallace devint également alcoolique.

Reid avait débuté à l'âge de quatre ans. Hal, son père, écrivain et producteur de théâtre, était passé au cinéma avant la Première Guerre mondiale. Génial et doué de talents variés, Wallace fut tour à tour cameraman, doublure, metteur en scène dès sa vingtième année.

Huit années auparavant, un petit rôle dans *Naissance d'une nation*, de D.W. Griffiths, l'avait révélé au public et, très vite, il était devenu le « Roi de la Paramount ». Alors qu'il tournait dans *His Only Son*, il épousa sa partenaire, Dorothy Davenport. En 1919, il triomphe dans *la Vallée des Géants* ; deux autres succès suivront : *The Affairs of Anatol* et *Forever* (1921). Dès lors, il se cantonne dans des films faits sur mesure, à petit budget, mais il est à bout de course. À l'écran, il joue le jeune homme amusant, impétueux, le gendre idéal pour tous les Américains de la classe moyenne. La réalité est tout autre : il maigrit à vue d'œil. Jusqu'au dernier instant, il prétendra que tout va bien, qu'il est en pleine forme. Il mourra à trente-deux ans dans les bras de sa femme, qui supervisait le tournage de *Human Wreckage*, film retraçant les expériences de drogué de son mari. Cette mort suspecte autant que prématurée donnera une image scandaleuse de Hollywood et contribuera à la création du Code Hays.

CI-CONTRE *Les Affaires d'Anatole*, 1921

PAGE DE DROITE D. Fairbanks dans *le Voleur de Bagdad*, 1924, avec Julanne Johnston

DOUGLAS FAIRBANKS Sr.

Il avait tout pour séduire ! Un corps athlétique et souple, un beau visage aux yeux rieurs encadré de boucles noires. Et, en perpétuel mouvement à l'écran, il ne séduisait jamais de façon banale. Ses déclarations étaient précédées de duels à l'épée, de traversées en galion, de toutes sortes d'expéditions périlleuses à cheval, au sommet d'une montagne, etc. De plus, il restait un homme d'honneur en toutes circonstances. Ainsi, dans *le Voleur de Bagdad*, il faut le voir s'introduire dans la chambre d'une princesse endormie avec l'assurance d'un rat d'hôtel tout en arborant l'attitude respectueuse d'un homme d'Église ! Le public ne le perçoit pas du tout comme il perçoit Valentino. Pour tous, il est « Doug », un Américain typique, un jeune homme fougueux, impétueux, rieur, sans souci, sans état d'âme. Même si, comme l'Italien émigré, il est toujours vêtu de tenues excentriques, « costumes d'époque revus et corrigés par Hollywood », pour incarner tour à tour *le Gaucho, le Masque de fer* ou *Robin des bois*. Son corps si viril est toujours mis en valeur par des ceintures à boucle large, des tuniques drapées déchirées là où il faut, des bottes montantes et étroites. Ses films de cape et d'épée satisfont pleinement le goût du public américain pour l'évasion et pour le romanesque. Quant à son exotisme de fantaisie, s'il attire les femmes, il n'a pas moins d'impact sur les hommes de tout âge qui admirent sa bonne santé joyeuse et sa malice de bon aloi. Valentino se permettait d'abuser d'une pauvre fille sans défense, tout le personnage de « Doug » proclame qu'à l'évidence lui ne le fera jamais. Même les bons pères de famille laisseraient leur fille sortir avec lui le soir.

Aussi, sa romance avec Mary Pickford, la « petite fiancée de l'Amérique », est-elle très bien accueillie par son public. Et, bien qu'ils aient dû tous deux divorcer de leurs conjoints respectifs pour se marier en 1920, leur popularité devient immense. Des mil-

EN HAUT *Les Trois Mousquetaires*, 1921, avec Barbara La Marr
CI-CONTRE *Le Pirate noir*, 1926

liers de fans en adoration transformeront leur lune de miel européenne en cortège royal. À leur retour, ils deviennent la « première famille de Hollywood ».

Doug lui-même venait d'une famille peu banale. Il était le benjamin de trois fils élevés par une mère qu'ils idolâtraient. Une « belle plante » sudiste qui avait divorcé trois fois. L'absence d'une image du père explique peut-être pourquoi Fairbanks a toujours conservé ses allures d'adolescent. La famille était très unie. Ses deux aînés, John et Robert, se chargèrent plus tard de gérer l'empire cinématographique créé en association avec Mary Pickford, D.W. Griffiths et Charlie Chaplin, la United Artists (1919).

Doug ne se consacra à sa passion enfantine de la comédie qu'après s'être essayé aux études à Harvard, où il passa le plus clair de son temps au gymnase, et à la Bourse, à Wall Street. Ces deux « carrières » ayant avorté dans l'œuf, c'est en 1915 qu'il descend sur la côte ouest pour offrir ses talents d'acrobate à la Triangle Corporation. Cette compagnie de production lui proposera son premier grand rôle dans *le Timide*, dirigé par D.W. Griffiths, personnage-titre qu'il avait incarné à Broadway. Cinq ans plus tard, après avoir fondé la United Artists, il deviendra ce héros bondissant et souriant qui enthousiasmera les foules avec, tour à tour, *le Signe de Zorro, les Trois Mousquetaires, le Pirate noir*, les films précités et bien d'autres dans le même esprit.

La venue du parlant le surprend à quarante ans. Doug a une belle voix, mais il est trop inscrit dans une époque qui agonise pour réellement s'adapter. En 1935, il se sépare de Mary Pickford et renonce au cinéma. Il mourra quatre ans plus tard d'une crise cardiaque. Si l'on excepte les gentils anachronismes de ses costumes, ses films n'ont guère vieilli et supportent la comparaison avec leurs homologues actuels.

EN HAUT *Les Quarante Ans de Don Juan*, 1934
CI-CONTRE *Don Q, fils de Zorro*, 1925, avec Mary Astor

CI-CONTRE *La Mégère apprivoisée*, 1929, avec Mary Pickford
CI-DESSOUS *Le Pirate noir*, 1926

RICHARD BARTHELMESS

Une des rares stars du muet dont la carrière ne fut pas interrompue par la venue du cinéma parlant. Il réussit cette transition grâce à son talent d'acteur et aussi grâce à son allure virile. Son film muet le plus célèbre est *Tol'able David*, réalisé en 1921, où il incarne un jeune montagnard qui protège une petite communauté de fermiers contre des forçats évadés. Il fut le premier prototype d'acteur d'une génération qui sera symbolisée par Gary Cooper. Taciturne, de la trempe, du courage.

Venu de New York, il débute en faisant de la figuration. En 1919, D.W. Griffiths lui donne son premier grand rôle face à Lillian Gish dans *le Lys brisé*. Tous deux ont cette « beauté victorienne », cette gentillesse innocente, cette subtile retenue émotionnelle qu'ils proposeront au public à nouveau un an plus tard dans *À travers l'orage*, film également dirigé par Griffiths. La scène finale est un morceau d'anthologie : Lillian Gish a trébuché, elle est tombée dans la rivière, se débat parmi des blocs de glace. Richard l'a perdue, il la cherche au milieu d'une tempête de neige. Il la sauvera juste à temps, avant qu'elle ne soit entraînée dans de terribles chutes niagaresques ! Aussi travailleur que bel homme, il enchaîne film sur film durant les années vingt. En 1927, il s'octroie deux nominations de meilleur acteur aux premiers oscars. Au début du parlant, il court le risque de jouer des personnages antipathiques au premier abord, comme celui de ce vétéran de guerre déchu de *Heroes for Sale* et celui d'un ex-aviateur désillusionné dans *The Last Flight*. Son meilleur film parlant sera réalisé en 1939 par Howard Hawks, où il jouera, en compagnie de Cary Grant et Rita Hayworth, le rôle d'un pilote d'avion réussissant à surmonter sa peur panique née d'expériences de guerre effroyables.

CI-CONTRE Richard Barthelmess, portrait pour le studio, vers 1932

RAMON NOVARRO

Ben Hur (1926) marque indéniablement l'apogée de cet acteur plein d'allant, lancé par la MGM comme le successeur de Rudolph Valentino. S'ils ont en commun le regard de braise et les cheveux noirs gominés, la comparaison s'arrête heureusement là. Novarro est un homme beaucoup plus enjoué et heureux de vivre. Certes, son visage enfantin à la solide mâchoire est superbe sous un casque, il porte les fringants costumes d'« époque » à merveille, mais tout cela ne l'empêche pas de montrer aussi de réels talents de comédien. Et pourtant, entre 1917 et 1920, il tournera dans plus de vingt bouts d'essai sans se voir confier de véritable rôle. Il ne révélera son grand talent d'escrimeur qu'en 1922 dans *le Prisonnier de Zenda*, lorsque Rex Ingram lui confiera le rôle de Rupert de Hentzau, le « méchant à monocle » de l'histoire. Ingram lui-même lui conseillera de remplacer son nom de Samaniegos par celui de Novarro, puis il l'engagera dans ses quatre films suivants, parmi lesquels il faut citer *Scaramouche* (1923), où le jeune Ramon ferraillera de plus belle, mais cette fois en vedette. La même année, dans *les Cataractes de la mort*, il suscitera l'adoration internationale en indigène amoureux de la fille d'un missionnaire, rôle tenu par Ellen Terry.

Un plagiat éhonté du *Cheik*, intitulé *l'Arabe*, le transforme à son tour en prince des *Mille et Une Nuits*, et c'est la gloire. En 1927, après *Ben Hur*, il déploie ses véritables talents d'acteur face à Norma Shearer dans *le Prince étudiant* de Lubitsch.

Le parlant va briser sa carrière d'acteur. L'alcool fera le reste. Comme tant d'autres, il s'enfonce dans les ténèbres, pour ne ressurgir que vers la fin des années quarante dans de petits rôles de composition. Toutefois, nul n'a oublié sa prestation de scélérat décontracté dans *Ça commence à Vera Cruz*, de Don Siegel, face à Robert Mitchum.

Revêtu *a posteriori* de l'étiquette assez injuste de Valentino de série B, il mourra en 1968 dans des circonstances tragiques : riche, vieux et célibataire, il sera sauvagement assassiné par deux jeunes gens qui étaient venus le voler chez lui.

PAGE DE GAUCHE Ramon Novarro, portrait pour le studio, vers 1929, par George Hurrell
EN HAUT *Chanson païenne*, 1929, avec Dorothy Janis
CI-CONTRE *Mata Hari*, 1931, avec Greta Garbo

JOHN GILBERT

Autre héritier officiel de Rudolph Valentino, John Gilbert fait ses débuts au cinéma parlant dans *His Glorious Night*. Il murmure des « Je vous aime » à l'infini à une Catherine Dale Owen qui reste de marbre. C'est une catastrophe. Sa voix ne « passe » pas. Le public qui avait pardonné son gros nez et ses yeux rapprochés lorsqu'il étreignait silencieusement Greta Garbo dans *la Chair et le Diable* (1927), et avait fait de lui une des figures les plus romantiques du cinéma muet. Gilbert, follement amoureux de sa partenaire avait charmé Garbo le temps d'une étreinte. Le public savait qu'il l'avait demandée plusieurs fois en mariage sans succès. Le public aimait John Gilbert depuis des années et appréciait son énergie masculine, terre à terre et sans complication. Il l'abandonna dès qu'il l'entendit pour la première fois !

Fils d'un auteur comique, John avait utilisé ses relations pour fuir le travail peu passionnant de représentant en produits de caoutchouc. Il n'a pas vingt ans quand il trouve son premier rôle dans *Son heure* d'Elinor Glyn. Suivent plusieurs petits films sans grande importance, puis il est engagé par la Fox pour trois ans. Viennent ensuite les films de la MGM et le succès : *He Who Gets Slapped, la Veuve joyeuse, la Grande Parade* et *la Bohème*.

En 1927, il tourne son premier film avec Garbo, dirigé par Clarence Brown, suivi la même année par *Anna Karenine*, d'Edmund Goulding, et d'*Intrigues*, deux ans plus tard, de Clarence Brown à nouveau. Ces trois films avec la Divine provoquent l'engouement des fans qui le submergent de courrier. Il devient le sujet constant de la presse à sensation. Marié une première fois et divorcé, il se remariera par dépit à quelqu'un d'autre après avoir été de nouveau évincé par Garbo.

PAGE DE GAUCHE John Gilbert, portrait pour le studio, vers 1928, par Ruth Harriet Louise
EN HAUT *Wife of the Centaur*, 1924, avec Aileen Pringle
CI-CONTRE *La Bohème*, 1926, avec Lilian Gish

Son dernier film muet sort en 1929, l'année de l'avènement du parlant. C'est *Desert Nights*, au titre symbolique ! La décadence n'est pas loin. Lors de la projection en première de *His Glorious Night*, le public est partagé entre le ricanement embarrassé et la franche hilarité. Pourtant, sa voix n'était ni ridiculement aiguë ni stupide. Il possédait un timbre de ténor léger parfaitement acceptable. L'échec vint du fait qu'il fut incapable de changer ses techniques de jeu. S'ajoute à cela un conflit personnel assez grave avec Louis B. Mayer né d'une sinistre histoire de rachat de parts entre Nicholas Schenk et William Fox à laquelle le malheureux Gilbert s'est trouvé mêlé. L'acteur consciencieux respecta néanmoins les termes de son contrat, tournant son dernier film, *Fast Workers*, de Tod Browning, en 1933. Cette même année, il retrouva Greta Garbo pour *la Reine Christine*, de Rouben Mamoulian, mais le cœur n'y était plus. Il s'était toujours adonné à la boisson et, en 1939, il but jusqu'à en mourir.

CI-DESSUS *La Chair et le Diable*, 1927, avec Greta Garbo

NILS ASTHER

Les yeux sombres de Nils Asther détournèrent du droit chemin quelques-unes des plus grandes gloires hollywoodiennes parmi lesquelles nous citerons Greta Garbo, la mystérieuse Pola Negri, la dure Joan Crawford et la si travailleuse Barbara Stanwick, alors encore toute jeunette.

C'était un beau Suédois qui fit ses débuts au cinéma sous la férule du mentor de Garbo, Mauritz Stiller, alors au crépuscule de sa vie. Dans *Terre de volupté*, face à Garbo, il est un prince javanais qui tente de lui faire délaisser son vieux Lewis Stone de mari. Dans *le Droit d'aimer*, il est un peintre et, cette fois-ci, il parvient à l'enlever à bord d'un voilier dérivant sur les mers du Sud.

Né en Scandinavie au début du siècle, Asther débute sur scène à Copenhague et au cinéma en Allemagne avant de se rendre à Hollywood en 1927. L'année suivante, il se laisse dévoyer par le charleston aux côtés de Joan Crawford dans *les Nouvelles Vierges*, de Harry Beaumont. Pendant les dernières années du muet, il est l'un des acteurs les plus populaires de Hollywood, mais la venue du parlant révèle un accent suédois à couper au couteau, rédhibitoire pour le public américain. Asther a pourtant pris des cours d'anglais durant des mois pour rassurer la direction de la MGM quant à son avenir. En 1933, il est un crédible seigneur de la guerre chinoise, sensuel à souhait pour la missionnaire Barbara Stanwick dans *The Bitter Tea of General Yen*, de Frank Capra, mais sa performance n'empêche pas le déclin de sa carrière. Il est d'abord réduit à tourner dans des films à petit budget, puis à conduire des camions, avant de retourner en Suède en 1959.

CI-CONTRE Nils Asther, portrait pour le studio, 1929, par Ruth Harriet Louise

JOHN BARRYMORE

À l'apogée de sa carrière, John Barrymore sera l'un des principaux héros des comédies et tragédies du muet. À l'écran, sa présence et sa forte personnalité explosent. Le revers de la médaille est sa propension à l'alcoolisme mondain, habitude prise dès son adolescence. L'étonnante beauté aristocratique de ses traits l'a fait surnommer « Profil superbe ». Il prolonge dans la vie son rôle d'homme à femmes. Il se mariera quatre fois et aura de nombreuses liaisons qui feront scandale à Hollywood.

Barrymore est issu d'une famille liée au théâtre. Son père a profondément choqué ses respectables parents très britanniques en montant sur les planches et en épousant la comédienne Georgiana Drew. John n'a que dix ans quand son père meurt. Il en est accablé et, alors qu'il n'a que quinze ans, devient dépendant de l'alcool. Il débute professionnellement comme dessinateur mais, dès ses vingt et un ans, joue à Broadway comme ses frère et sœur.

Dix ans plus tard, il tourne dans son premier film, *An American Citizen*, produit par les Famous Players. Une quinzaine de films sans grande importance suivront, John partageant son temps entre sa réelle passion, le théâtre, et les subsides intéressants que lui offre Hollywood. L'alcool le ronge, sa mémoire devient défaillante et, cédant à la facilité, il s'installe sur la côte ouest en 1926, puisque la Warner lui propose un contrat de plus de 75 000 dollars par film. Il est déjà célèbre, grâce à ses rôles dans *Dr. Jekyll and Mr. Hyde* et à son interprétation de *Beau Brummel* aux côtés de Mary Astor. Pour *Moby Dick* (1926), il a pour partenaire la belle Dolores Costello pour qui il délaissera Mary Astor, toutes deux de plus de quinze années ses cadettes.

Grâce à sa belle voix d'homme de théâtre, le passage au cinéma parlant s'effectue sans difficulté majeure, si l'on excepte le fait que, de plus en plus, ses répliques lui seront présentées hors champ sur des panneaux. En 1932, pour *Grand Hôtel*, de Edmund

CI-CONTRE John Barrymore, portrait pour la publicité de *Grand Hôtel*, 1932

Goulding, sa partenaire est Greta Garbo qui dira plus tard de lui qu'il avait « la divine folie de tous les grands artistes ».

Après avoir créé un Mercutio admirable de majesté lascive dans le *Roméo et Juliette* de George Cukor, aux côtés de Basil Rathbone et de Norma Shearer, il entre en clinique pour une cure de désintoxication.

Dès lors, on ne lui offrira plus que des rôles secondaires dans des séries B ; il peut parfois, et sans peine, voler une scène comme dans *True Confession* (1937) où il ne doit son contrat qu'à la volonté de Carole

CI-CONTRE *La Tempête*, 1928, avec Camilla Horn
CI-DESSOUS *L'Abîme*, 1929, avec Camilla Horn

Lombard face à une Paramount plutôt méfiante à l'égard du grand acteur déchu.

Il apparaît dans trois films à ép sodes de la série *Bulldoq Drummond* où il crée un inspecteur Neilson de Scotland Yard au regard vague sans grand effort non plus. Son chant du cygne sera encore plus autobiographique : dans *The Great Man Votes* (1939), il est un professeur d'université alcoolique réhabilité par l'amour de ses enfants. Oublions son dernier film, le sinistre *Playmates* (1941), de David Butler, qui ne vaut néanmoins que par sa prestation face à une Lupe Velez, plus reine des séries B que jamais !

CI-CONTRE *Grand Hôtel*, 1932, avec Greta Garbo
CI-DESSOUS *Train de luxe*, 1934, avec Carole Lombard

PAGE DE DROITE portrait pour la publicité de *Train de luxe, 1934*

L'ÉPOQUE DES GRANDS STUDIOS

Dans les années trente, cinq studios de production hollywoodiens dominaient le cinéma américain. La Paramount, la Warner, la Twentieth Century Fox, la MGM et RKO – les « cinq grands » – ne se contentaient pas de distribuer leurs films dans le monde entier, ils possédaient aussi les circuits de salles et contrôlaient ainsi l'existence d'un film du début à la fin. Il y avait là quelque ironie. Tout en étant produits par des Européens – les nababs du cinéma étaient soit des juifs immigrés, soit des fils de juifs immigrés –, les films n'en étaient pas moins le miroir de l'Amérique. Le public, composé en majorité d'ouvriers et de petits employés, s'appropriait avec ferveur l'idée du rêve américain que lui proposait le cinéma ; il épousait ses visions et ses modèles, y compris l'image masculine.

Pendant ce temps, le reste du monde connaissait des épreuves inquiétantes : la montée du nazisme en Allemagne et le renforcement du pouvoir de Staline en Union soviétique. Vers 1930, les États-Unis comptaient douze millions de chômeurs. Alors que les souvenirs de la Première Guerre mondiale étaient encore vivaces, un second conflit semblait inévitable. Mais tout cela apparaît peu dans les films de cette période. L'une des chansons les plus marquantes de la Dépression est, peut-être, « *Remember my Forgotten Man* » dans *les Chercheuses d'or* (1933), mais Hollywood se voyait plutôt comme menant la danse, encourageant un public consentant à se perdre dans la fantaisie de somptueux films musicaux, dans de riches aventures historiques, des comédies endiablées, des films de gangster et des adaptations littéraires. Les stars étaient comme les films : c'étaient de beaux produits, piquants et romanesques. Les photographes reproduisaient les rêves contenus dans les films, reflets de l'amour, de l'éclat et du luxe également illusoires qui permettaient aux spectateurs de croire à une existence meilleure et d'essayer de l'atteindre en se conformant au modèle. En même temps, le vedettariat, ainsi que l'émergence d'archétypes cinématographiques, comme l'aviateur Charles Lindberg, reflétaient la confusion entre la réalité et la fiction. La mode masculine suivait les mêmes critères : on était obligé de porter une montre Rolex Oyster parce qu'elle était arborée par un pilote célèbre. Les bijoux pour hommes – épingles de cravate, boutons de manchettes – connurent une vogue populaire, mais l'image de l'homme, comme consommateur suivant la mode, disparut avec la guerre et avec le retour d'un style plus viril.

Les acteurs, comme tous les autres travailleurs des studios, y compris les réalisateurs et les scénaristes, étaient sous contrat et par là même victimes d'une surveillance tyrannique. L'usine des rêves contrôlait jusqu'au moindre détail de leur carrière, et quiconque prétendait dévier du chemin tout tracé était bientôt mis au pas. Louis B. Mayer, l'empereur de la MGM, semonça un jour une star parce qu'elle avait partagé son repas, à la cantine du studio, avec un employé subalterne. À la Warner Brothers, on employait les acteurs à plein temps ; il arrivait qu'une star jouât dans sept films par an. L'autoritarisme des studios ne décourageait pas les milliers de gens qui venaient à Hollywood vendre leur corps, dans l'espoir de devenir une vedette. Mais bien peu d'entre eux – peut-être un pour cent – y parvenaient.

Par ailleurs, le Code Hays eut parfois pour effet une peinture du mariage ayant peu ou pas de rapports avec les plaisirs de la chair. Il était interdit aux cinéastes de montrer toute espèce de batifolage entre célibataires, ou hors mariage, ou anti-naturel, ou horizontal. Il y avait toujours des lits jumeaux dans la chambre, et un homme convenable gardait toujours un pied par terre. Lorsque le réalisateur avait du talent, ce qui n'était que suggéré était en fait tout aussi érotique, sinon davantage, que ce qui était montré.

À la foule des salles populaires et au cinéma muet avaient succédé le parlant et un public plus exigeant. Rudolph Valentino était mort. Beaucoup de stars du muet n'avaient pas su s'adapter à la technique du parlant ; d'autres avaient vieilli, tout simplement. Leur place fut prise par une explosion de types masculins, une génération nouvelle à l'aise avec la technologie et avec les modèles qu'elle proposait.

Certains ne connurent les faveurs de la mode que pendant une dizaine d'années, mais quelques-uns dépassèrent cette période pour devenir des mythes dont le style n'a jamais vieilli et que l'on imite encore, près d'un demi-siècle plus tard. Clark Gable, pour avoir allongé des gifles à la garce fortunée Norma Shearer dans *Âmes libres*, devint aux yeux des femmes la quintessence de la « manière forte ». Joan Blondell a dit un jour de lui : « Il faisait de l'effet à toutes les femmes, à moins qu'elles ne soient mortes. » Quand Gary Cooper, le provincial timide et séduisant, partait en guerre contre les escrocs de la grande ville dans *l'Extravagant M. Deeds* (1936), il créait du même coup l'image du héros américain, fort et taciturne. Un charmeur de belle allure (né Archie Leach à Bristol, en Grande-Bretagne) devint Cary Grant, le type même de l'Américain décontracté et sophistiqué. Donald Spoto a souligné dans son excellent livre, *Camerado*, que, dans *New York-Miami*, de Frank Capra, Clark Gable offrait aux hommes un nouveau modèle qui dépendait plus de l'attitude du héros que de ses actions ; son sex-appeal et son assurance extraordinaires lui donnaient une confiance parfaitement inébranlable dans ses propres aptitudes, ce qui était très encourageant pour le public de la Dépression. On pourrait sans doute dire la même chose de Cary Grant, tandis que Gary Cooper, réussissant à rester pur dans un monde frelaté, apportait l'optimisme. Ces trois acteurs ont encore un autre point commun : non seulement les femmes d'Amérique et du monde entier les adoraient, mais ils eurent aussi une influence énorme sur les hommes. Comme leurs contemporains, ils annonçaient l'homme nouveau, qui connut plusieurs incarnations.

Cet homme répondait à trois types : il pouvait être sophistiqué – Cary Grant, Melvyn Douglas, William Powell ou Robert Montgomery ; terrien – Clark Gable, Joel McCrae et John Wayne ; ou encore juvénile et sain – Gary Cooper, Henry Fonda, James Stewart. Il était parfois menaçant, comme George Raft et James Cagney, ou délicieusement français, comme Charles Boyer, ou anglais et vêtu de tweed, comme Ronald Colman ; plus rarement, il chantait et dansait, comme Nelson Eddy, Fred Astaire et Bing Crosby. Il pouvait être célibataire (Bing Crosby interprétant un prêtre), mais bien rarement efféminé, alcoolique ou tout simplement méchant.

FREDRIC MARCH

Fredric March est grand, bel homme, son regard pétille d'intelligence et sa voix est bien placée. Broadway l'accueille. Peu après, il épouse Florence Eldridge, avec qui il fonde sa propre troupe de théâtre. Ensemble, ils apparaîtront dans plusieurs films. En 1928, à l'avènement du parlant, March sera l'un des premiers comédiens de théâtre à être engagés par les studios. Deux ans plus tard, il caricature John Barrymore dans l'adaptation cinématographique de *The Royal Family of Broadway*, réalisée par George Cukor.

Sa performance lui vaut une nomination à l'oscar. Essai transformé en 1932 où, sous la direction de Rouben Mamoulian, il est tour à tour *Dr. Jekyll et Mr. Hyde*. Dès lors, les plus grands réalisateurs de l'époque vont se l'arracher, qu'il s'agisse de Cecil B. DeMille pour *les Naufrageurs des mers du Sud*, de William Wellman pour la première version de *Une étoile est née*, avec Janet Gaynor, et, bien sûr de Sidney Franklin, qui l'oppose à Charles Laughton en 1934 dans *Miss Barrett*. Les deux acteurs se retrouveront dès l'année suivante dans une excellente version des *Misérables*. Dans le remake « parlant » de *Anna Karenine*, il remplace John Gilbert aux côtés de Greta Garbo. Il refuse de se laisser étiqueter en tant que grand héros-séducteur-romantique. Ainsi, il repoussera diverses offres le stéréotypant comme les productions à grand spectacle, et dévoilera ses talents de comique dans deux comédies : *la Joyeuse Suicidée*, de William Wellmann, avec Carole Lombard, et *Ma femme est une sorcière*, de René Clair, avec Veronica Lake.

Ne pouvant plus jouer les jeunes premiers à quarante-cinq ans, il sélectionnera encore davantage ses rôles. Citons les deux films qui lui vaudront une nouvelle fois une nomination à l'oscar : *les Plus Belles Années de notre vie* (1946) et *la Mort d'un commis voyageur* (1951).

EN HAUT Fredric March, portrait pour la publicité de *The Night Angel*, 1931
CI-CONTRE *Anna Karenine*, 1935, avec Greta Garbo

PAGE DE DROITE Ronald Colman dans *The Magic Flame*, 1927, avec Vilma Banky

RONALD COLMAN

Courtois, réservé, élégant si l'on excepte son habitude caractéristique de cacher ses mains dans ses poches, il est britannique de la plus exquise façon. L'honnêteté sans raideur, les bonnes manières sans l'hypocrisie. Son regard souvent lointain séduit le public féminin. En 1920, après des débuts dans son Angleterre natale, il s'embarque pour l'Amérique avec huit livres sterling en poche. Trois ans plus tard, il remporte son premier succès dans *The White Sister (Dans les laves du Vésuve)*, de Henry King, aux côtés de Lillian Gish. Pour l'anecdote, signalons qu'il arbore pour l'occasion cette petite moustache qu'il gardera dans tous ses autres films, exception faite de *A Tale of Two Cities* (1935), de Jack Conway, adaptation de l'histoire de la Révolution française vue par Charles Dickens.

Après un second film avec Lillian Gish, *Romola* (1924), et quelques drames romantiques produits par la MGM, son nom est associé à celui de la « nouvelle star » de Hollywood, Vilma Banky. Dans l'Espagne médiévale, revue et corrigée par les décorateurs de la MGM, le brave et honnête Colman se retrouve affublé en « hors-la-loi gitan » chargé d'enlever cette belle princesse espagnole qu'est soudain devenue la très Hongroise Vilma ! Ne reculant devant rien pour lancer *The Night of Love* (1927), Samuel Gordon invente une liaison à la ville pour les deux vedettes. Vilma s'empresse de démentir en se fiançant à Rod La Rocque. Ce qui ne l'empêchera nullement de retrouver Ronald dans deux autres mélodrames « d'époque » tout aussi larmoyants : *The Magic Flame* et *Two Lovers*.

En 1929, Colman crée l'événement en tenant le rôle de Sapper, ex-officier de l'armée britannique et aventurier londonien dans le premier *Bulldog Drummond* parlant, réalisé par F. Richard Jones.

EN HAUT Ronald Colman, portrait pour le studio, vers 1929
CI-CONTRE *Le Prisonnier de Zenda*, 1937, avec Madeleine Carroll
PAGE DE DROITE *Arrowsmith*, 1931, avec Myrna Loy

Dès lors, Colman promène son élégante silhouette dans toute une série de films d'aventures tels que *Clive of India* (1935), sorte de document de propagande glorifiant l'Empire britannique, ou le troisième remake du *Prisonnier de Zenda*, cette fois réalisé par John Cromwell (1937). Son rôle d'amnésique dans *Random Harvest (Prisonnier du passé)*, de Mervyn LeRoy (1942), lui vaut une nomination à l'oscar, mais il ne recevra la célèbre statuette que cinq ans plus tard pour sa performance d'acteur shakespearien déchu dans *A Double Life*, où il est opposé à une Shelley Winters meilleure que jamais.

CI-CONTRE Portrait pour le studio, 1939, par Eugene Richee
CI-DESSOUS *Prisonnier du passé*, 1942, avec Greer Garson

CLIVE BROOK

Si l'élégance de Ronald Colman gardait quelque chose de roturier, celle de Clive Brook, en revanche, ne pouvait que totalement satisfaire les producteurs américains. Son air d'officier et de gentleman de la haute société était imperfectible. Qu'il jouât les ducs, les détectives ou les gangsters, il demeurait un guide du savoir-vivre britannique que n'aurait sans doute pas désavoué quiconque chargé du protocole à la cour.

En 1923, l'Amérique s'enthousiasme pour un film britannique intitulé *Woman to Woman* et succombe au charme de Brook. Hollywood le reçoit à bras ouverts. Cinq ans plus tard, il interprète le rôle de Rolls Royce *(sic)*, gangster de haut rang et séducteur d'Evelyn Brent dans *les Nuits de Chicago*. Il passe ensuite au personnage de Sherlock Holmes dans deux autres films muets, puis devient un spéculateur fortuné qui épouse une femme du monde désargentée dans *Tarnished Lady*, de George Cukor. Ce film de la Paramount a pour objectif de lancer Tallulah Bankhead comme une « nouvelle Dietrich ». Brook profite de la promotion en question et a aussi la chance de se voir confronté au modèle original en 1932, dans un film parlant. Ce qui lui vaudra un de ses plus grands succès. Face à une Marlene plus érotique que jamais, il tient le rôle d'un sémillant officier dans *Shangai Express*, de Josef von Sternberg. Il effectue alors un retour triomphal en Angleterre pour apparaître dans plusieurs excellents films comme *Convoy* (1940). Cinq ans plus tard, il produit et réalise une comédie pétillante, *On Approval*, dans laquelle, aux côtés de Beatrice Lillie, il se donne le rôle d'un duc édouardien qui lui sied à merveille.

La perte des marchés européens met un terme à sa carrière hollywoodienne, et il consacre au théâtre le reste de sa vie. Il meurt en 1974.

CI-CONTRE *Shanghai Express*, 1932, avec Marlene Dietrich

WILLIAM POWELL

Son image était celle d'un homme distingué, mais elle était contrastée par son regard. Il avait la paupière lourde et fixait ses partenaires féminines sans équivoque, s'attardant aussitôt sur les reliefs de leur anatomie. À l'époque du muet, il jouait les méchants. Il fit notamment un Moriarty très remarqué face à un John Barrymore admirable en Sherlock Holmes (1922).

La Paramount l'engage en 1924. Jusqu'à la fin du muet, il va être cantonné à des rôles de gangsters dont il saura tirer parti, volant la vedette au héros en titre. Il tournera en particulier dans les deux derniers films muets de Josef von Sternberg, *The Last Command (Crépuscule de gloire)* et *The Dragnet (la Rafle)*.

La venue du parlant ne fait que confirmer son talent. Il se révèle un excellent acteur de comédie légère. Dès lors, on lui confie plutôt des rôles de brave garçon bien élevé ou de dragueur invétéré. C'est le personnage type des comédies les meilleures des années trente. Il fait équipe avec Myrna Loy, Spencer Tracy et Jean Harlow dans *Libeled Lady (Une fine mouche)* en 1936. Il sera aussi le partenaire de Ginger Rogers dans *Star of Midnight*, de Stephen Roberts, et celui de Jean Arthur dans *The Ex-Mrs. Bradford*, du même réalisateur. Mais c'est Myrna Loy qui sera le plus souvent associée à ses succès. Citons *Manhattan Melodrama (l'Ennemi public numéro un)*, également avec Clark Gable, *The Thin Man (l'Introuvable)* et *Evelyn Prentice (le Témoin imprévu)*. Pour l'*Introuvable*, il est nommé aux oscars.

Mais il ne recevra la statuette tant convoitée qu'en 1947, pour sa prestation aux côtés d'Irene Dunne dans *Life With Father (Mon Père et nous)*, de Michael Curtiz. Comme il atteint la cinquantaine, il se tourne vers les rôles de composition. Son dernier rôle sera celui de Doc dans *Mister Roberts (Permission jusqu'à l'aube)* cosigné par John Ford et Mervyn LeRoy en 1955, où il apparaît en présence d'autres « vieux de la vieille », tel James Cagney, et de célébrités comme Henry Fonda et Jack Lemmon. Il ne nous quittera que vingt-neuf années plus tard, en 1984.

PAGE DE GAUCHE William Powell, portrait pour le studio, vers 1930

EN HAUT Sur le plateau d'*Imprudente Jeunesse*, 1935, avec Jean Harlow
CI-CONTRE *Une fine mouche*, 1936, avec Myrna Loy

HERBERT MARSHALL

Jeune premier de la scène londonienne, il interrompt une carrière prometteuse pour servir la reine. C'est la Première Guerre mondiale. Il est grièvement blessé et perd une jambe. Pourtant, tout au long des années vingt, il réussira merveilleusement à faire oublier ce handicap et obtiendra un franc succès sur scène de nouveau, et ce de part et d'autre de l'Atlantique. Une fois encore, c'est cette grande expérience qui lui vaudra d'être très demandé par Hollywood à l'arrivée du parlant. Sa voix est singulière, à la fois douce et richement mélodieuse. Il tourne notamment dans *Murder* (1930) où Hitchcock lui donne le rôle d'un juré persuadé de l'innocence de Norah Baring, contre l'avis du plus grand nombre. Deux ans plus tard, Hollywood le spécialise dans l'interprétation de personnages pleins de bonnes intentions, mari malheureux le plus souvent en l'opposant à Marlene Dietrich dans *Blonde Venus*, de Josef von Sternberg. Le voici estampillé « vedette romantique du groupe des Européens ». En 1934, la MGM le gratifie de trois des plus prestigieuses partenaires féminines de l'époque : Norma Shearer, Constance Bennett et Greta Garbo ; mais s'il est à l'écran tour à tour le mari soumis, le père compréhensif ou l'amant vieillissant, sa vie privée est plus mouvementée. Il se met à boire, sa liaison passionnée avec Gloria Swanson menace son mariage. Les producteurs s'inquiètent, sa célébrité s'en ressent. En 1940, sa carrière connaît une grande reprise quand William Wyler l'oppose à Bette Davis dans *The Letter (la Lettre)* et *The Little Foxes (la Vipère)*. C'est la rencontre du chaud et du froid, un mélange détonnant d'efficacité. La même année, Hitchcock le retrouve pour *Foreign Correspondent (Correspondant 17)*, où, contre toute attente, il se change en traître.

CI-DESSUS *Haute Pègre*, 1932, avec Kay Francis et Miriam Hopkins

PAGE DE DROITE Gary Cooper, portrait pour le studio, vers 1929, par Eugene Richee

GARY COOPER

Peu sûr de lui sans être timide, dur sans être insensible, Gary Cooper le taciturne symbolise une nouvelle espèce de héros. Il est avant tout intègre. Son courage est aussi moral que physique. Il peut tout perdre, fors l'honneur ! Cet acteur doit son succès à la force de son personnage cinématographique, sans complication, et à son extraordinaire capacité d'expression.

Né de parents britanniques, il est élevé en Angleterre. Revenu au Montana, il travaille dans un ranch, puis rejoint ses parents à Los Angeles. Très vite, Hollywood saura utiliser ses talents équestres pour de nombreux seconds rôles de l'époque du muet. En 1929, il a son premier grand rôle aux côtés de Walter Huston dans *The Virginian*, de Victor Fleming. Dès lors, l'homme qui s'est un jour défini comme étant un « type moyen de l'Amérique moyenne » devient bien plus que cela.

Son refus d'avoir de mauvaises pensées, ou de mener de mauvais combats, ses victoires difficiles d'homme du terroir remportées sur les citadins éduqués et corrompus, c'est là toute l'éthique du héros de western qui va enthousiasmer les grands enfants du public américain. De plus, ses joues creuses et sa dégaine efflanquée réveillent chez les femmes l'instinct maternel. Elles ont toutes envie de nourrir un peu ce grand garçon anémié aux gestes si lents. Sa force les attire, sa timidité les rassure. La lenteur de ses mouvements est aussi très séduisante. Il est sain, il est chevaleresque, l'opposé des sulfureux Latins comme Valentino et Novarro. C'est un « chouette type » dont les hésitations et la réserve triomphent des vamps de l'écran, telles Carole Lombard dans *I Take this Woman* (1931), Claudette Colbert dans *His Woman* (1931) et Tallulah Bankhead dans *Devil and the Deep (le Démon du sous-marin,* 1932).

EN HAUT *Mariage à l'essai*, 1928, avec Esther Ralstonb
CI-CONTRE *L'Adieu aux armes*, 1932, avec Helen Hayes

PAGE DE DROITE *Now and Forever*, 1934, avec Carole Lombard

En 1933, fidèle à son image, Cooper se range en épousant Veronica Balfe, une femme du monde new-yorkaise, laquelle saura fermer les yeux pour éviter tout scandale lorsque son séducteur de mari serrera d'un peu trop près ses partenaires féminines, comme Marlene Dietrich ou Ingrid Bergman.

Le jeu se compliquera pour elle lorsque le démon de midi frappera son quinquagénaire de mari entiché d'une Patricia Neal de vingt-cinq printemps, mais ils ne divorceront pas.

CI-CONTRE Gary Cooper, portrait pour le studio, vers 1935, par Eugene Richee
CI-DESSOUS *Morocco*, 1930, avec Marlene Dietrich

En 1935, Gary Cooper triomphe sur les écrans dans *The Lives of a Bengal Lancer (les Trois Lanciers du Bengale)* aux côtés de Franchot Tone et de Richard Cromwell, film d'aventures signé par Henry Hathaway, spécialiste du genre. Dès l'année suivante, Frank Capra lui donne un rôle sur mesure, celui de *l'Extravagant M. Deeds (Mr. Deeds Goes to Town)*, un rustre ayant hérité de 20 millions de dollars et désireux de tout dépenser au profit des nécessiteux frappés par la grande dépression de 1929. Les années trente seront l'apogée de sa carrière, avec des films comme *The General Died at Dawn (Le général est mort à l'aube)*, de Cecil B. De

CI-CONTRE Gary Cooper, vers 1936
CI-DESSOUS *Rien que l'amour*, 1933, avec Joan Crawford

Mille, sorte de panégyrique de tous les héros de l'Ouest légendaire, aussi invraisemblable qu'enthousiasmant, *Bluebeard's Eighth Wife (la Huitième Femme de Barbe-bleue)*, d'Ernst Lubitsch, d'après un script de Billy Wilder, où le grand Cooper tire habilement son épingle du jeu entre David Niven et Claudette Colbert, *Beau Geste*, remake scène pour scène du film muet tourné en 1926 par Ronald Colman, et *The Westerner (le Cavalier du désert)*, de William Wyler.

L'échec relatif de son premier film pour la MGM, le médiocre *Adventures of Marco Polo* (*les Aventures de Marco Polo*, 1938), d'Archie Mayo, décide Samuel Goldwyn à lui refuser le rôle de Rhett Butler dans *Gone With the Wind (Autant en emporte le vent)*. Cooper se rattrapera en 1941 avec son extraordinaire performance dans le rôle-titre de *Sergent York*, réalisé par un Howard Hawks au meilleur de sa forme. Film de propagande s'il en fût, puisqu'il narre la progression intellectuelle d'un gars de la campagne, pacifiste par nature, qui se transformera en héros de guerre sur le front du Pacifique !

En de telles circonstances, l'Académie ne pouvait pas faire moins que d'accorder un oscar d'interprétation à Gary Cooper. Notons toutefois que l'acteur est admirable de justesse en bouseux marmonnant du Tennessee. Il recevra une autre nomination pour son incarnation du héros de Hemingway dans *For Whom the Bell Tolls (Pour qui sonne le glas)*, film pourtant autrement plus subtil, sans toutefois transformer l'essai. Ingrid Bergman, sa partenaire, ne sera pas davantage récompensée. Pour sauver la face, l'Académie remettra un oscar du meilleur second rôle à une charmante inconnue, Katina Paxinou, également très bien dirigée par le metteur en scène Sam Wood. Celui-ci réunira à nouveau Cooper et Bergman deux ans plus tard pour *Saratoga Trunk (l'Intrigante de Saratoga)*, du moins officiellement. En réalité, ce petit film sera tourné

EN HAUT *Beau geste*, 1939, avec Ray Milland
CI-CONTRE *One Sunday Afternoon*, 1933, avec Fay Wray

PAGE DE DROITE Portrait pour le studio, 1932, par Clarence Sinclair Bull

dans la foulée de *Pour qui sonne le glas* et ne sera diffusé que deux ans plus tard, ce qui d'ailleurs ne changera rien à sa médiocre carrière. Celle de Cooper baisse également, du moins en qualité, bien que sa popularité reste égale. Il faudra attendre le somptueux *High Noon (Le train sifflera trois fois)* pour retrouver cette maîtrise, cette finesse de jeu qui le caractérise, et qui lui vaudra son deuxième oscar.

Cela dit, l'habileté du réalisateur Fred Zinnemann, qui construit ce film en « temps réel » et le charme d'une délicieuse débutante nommée Grace Kelly ne sont pas étrangers au triomphe de *High Noon*. Sans oublier le refrain de Dimitri Tiomkin (« *Do not Forsake me, Oh my Darling* », adapté en « Si toi aussi, tu m'abandonnes ») que tout le monde fredonne à l'époque, et qui valut à son auteur un oscar également. En 1961, Cooper, rongé par le cancer, tourne son dernier film en Angleterre, *The Naked Edge (la Lame nue)* dirigé par Michael Anderson. Un mois avant sa mort, il reçoit son troisième oscar, à titre honorifique, « pour services rendus à l'industrie cinématographique ». *La Lame nue*, film inégal, ne sortira en salles que sous forme d'ultime hommage.

PAGE DE GAUCHE Gary Cooper, portrait pour la publicité de *Pour qui sonne le glas*, 1943

EN HAUT *L'Intrigante de Saratoga*, 1945, avec Ingrid Bergman

CI-CONTRE *L'Extravagant M. Deeds*, 1936, avec Jean Arthur

JOEL McCREA

À l'écran, c'est le héros américain type de la série B. Il est souriant, athlétique, digne de confiance et un peu limité intellectuellement. Il a la sveltesse de Gary Cooper, mais un regard qui en dit beaucoup moins ! Les mauvaises langues – et elles ne manquent pas à Hollywood – le qualifieront de Cooper du pauvre, prétendant qu'il hérite des rôles que le grand acteur refuse.

Au début de sa carrière, il est tout de suite employé dans les films d'action qui font florès. Citons notamment les deux meilleurs d'entre eux tournés en 1932, *The Lost Squadron (Quatre de l'aviation)*, de George Archainbaud, avec tout de même Eric Von Stroheim, qui s'en donne à cœur joie dans la caricature de l'officier allemand de la Première Guerre mondiale, et *The Most Dangerous Game (la Chasse du comte Zaroff)*, de Ernest B. Shoedsack (pour mémoire !) où Fay Wray semble attendre son grand singe. En effet, *King Kong* sera tourné à la même période par la même équipe, exception faite de Joel McCrea, remplacé par Bruce Cabot.

Deux grands cinéastes, Alfred Hitchcock et Preston Sturges, sauront tirer parti de la silhouette quelque peu anodine de McCrea. Dans *Foreign Correspondent (Correspondant 17)*, il sera le reporter innocent embringué dans une terrible affaire d'espionnage. Dans *Sullivan's Travels (les Voyages de Sullivan)*, un réalisateur hollywoodien en quête d'inspiration arpentant les États-Unis et confronté à la dure réalité. En 1944, William Wellman lui donne le rôle-titre de son *Buffalo Bill* en Technicolor, au côté de Maureen O'Hara. Dès lors, il se spécialise dans les westerns. On serait tenté de dire que le genre vieillira avec lui. Sam Peckinpah saura exploiter cette nostalgie en 1962, quand McCrea se retrouvera à former avec Randolph Scott un merveilleux duo de cow-boys sur le retour dans *Ride the High Country (Coups de feu dans la sierra)*.

CI-CONTRE Joel McCrea, portrait pour la publicité de *Adventure in Manhattan*, 1936

PAGE DE DROITE James Stewart, portrait pour le studio, 1936, par Ted Allan

JAMES STEWART

L'impact romantique de James Stewart vient à la fois de la sympathie qu'il inspire et de sa séduisante maladresse. Son pantalon ne réussit jamais à couvrir ses chaussettes, ses gants se plissent et son chapeau a tendance à se déstabiliser en présence du sexe dit faible. Dans *Mr. Smith Goes to Washington (M. Smith au Sénat)*, ce chapeau tombe au moment même où il rencontre la jolie fille de son adversaire politique.

Gauche, voûté, avec son allure dégingandée et sa voie traînante, il a à ses débuts peu de chances de devenir un grand séducteur. Pourtant, c'est ce mélange de maladresse et de détermination qui le fera adopter par le public. Sa bonne volonté lourdaude est atténuée par un adorable sourire. Son image, comme celle de Gary Cooper, est en partie une extension de sa véritable personnalité.

Petit garçon, il manque de se tuer en essayant de voler avec un aéroplane de sa fabrication. En âge d'aller au lycée, il choisit un autre hobbie moins périlleux : il apprend à jouer de l'accordéon. Un peu plus tard, il se passionnera pour la photographie et deviendra le projectionniste attitré du cinéma d'Indiana, sa petite ville natale de Pennsylvanie. Ses bons résultats scolaires lui valent de recevoir une bourse pour étudier l'architecture. Un de ses camarades, Joshua Logan (qui deviendra un réalisateur célèbre), lui propose alors de se joindre à la troupe des University Players de Falmouth. Dès lors, il enchaîne rôle sur rôle. Un découvreur de talents le remarque. Le voici à Hollywood. Il débute au cinéma dans *The Murder Man*, de Tim Whelan en 1935. Il a vingt-sept ans. Dans les cinq ans qui vont suivre, il apparaît dans vingt-quatre films. En 1939, sa performance dans le rôle de Mr. Smith est récompensée par une nomination à l'oscar. L'année suivante, il reçoit l'Academy Award pour sa prestation dans *The Philadelphia Story (Indiscrétions)*, de George Cukor.

EN HAUT *M. Smith au Sénat*, 1939, avec Astrid Allwyn
CI-CONTRE *Indiscrétions*, 1940, avec Katharine Hepburn

Il joue encore dans trois autres films, puis s'engage dans l'armée. Il est l'une des premières vedettes de cinéma à se porter volontaire. Simple soldat le 22 mars 1941, il gagne ses « sardines » de lieutenant peu après l'attaque de Pearl Harbor. Le voici aux commandes d'un bombardier. Après de multiples exploits, à la fin du conflit, il sera mis à la retraite avec le grade de général de brigade.

De retour à Hollywood, il joue dans *It's a Wonderful Life (La vie est belle)*, de Frank Capra. Nouvelle nomination à l'oscar. Les tournages se succèdent. En 1950, c'est *Harvey*, de Henry Koster, et une autre nomination. Il en recevra une autre neuf années plus tard pour son jeu dans *Anatomy of a Murder (Autopsie d'un meurtre)*, d'Otto Preminger.

Honnête, patriote, il est le héros de western type, tout comme Gary Cooper. Notamment en 1950, dans *Broken Arrow (la Flèche brisée)*, de Delmer Daves, et *Winchester 73*, d'Anthony Mann. Et nul n'oubliera son personnage de pied-tendre sauvé par John Wayne du danger public que campe Lee Marvin dans *The Man Who Shot Liberty Valance (l'Homme qui tua Liberty Valance)*, réalisé en 1962 par John Ford. Il est aussi de par sa dégaine un héros hitchcokien merveilleux tant dans *Rear Window (Fenêtre sur cour)* que dans *The Man Who Knew Too Much (l'Homme qui en savait trop)* et *Vertigo (Sueurs froides)*.

En 1976, il retrouvera John Wayne dans un émouvant *The Shootist (le Dernier des Géants)*, signé Donald Siegel. Dès lors, l'essentiel de sa carrière est derrière lui, même s'il apparaît dans *Airport 77 (les Naufragés du 747)*, de Jerry Jameson, ou dans le remake de *The Big Sleep (le Grand Sommeil)*, de Michael Winner en 1978. Aucune liste des grandes stars du cinéma ne serait complète s'il n'y figurait le nom de James Stewart.

EN HAUT James Stewart, vers 1938
CI-CONTRE *La vie est belle*, 1947, avec Donna Reed

HENRY FONDA

Né le 16 mai 1905, à Grand Island, dans le Nebraska, il débute sur les planches en amateur dans la troupe de la Omaha Community House. Il devient acteur professionnel à plein temps à vingt-trois ans et rejoint l'University Players Guild.

En 1934, il présente à Broadway *The Farmer Takes a Wife*. La pièce doit être adaptée à l'écran. La Fox a décidé que sa star numéro un du moment, Janet Gaynor, aurait le rôle principal. Henry Fonda se contente, lui, de répéter ce qu'il faisait sur scène et se retrouve du même coup vedette de cinéma. Il est engagé par la RKO pour tourner *I Dream Too Much* en compagnie de Lily Pons. C'est au tour de la Warner de le réclamer pour trois films, dont notamment *The Trail of the Lonesome Pine (la Fille du bois maudit)*, premier film Technicolor tourné en extérieurs, qui sera d'ailleurs un grand succès.

1939 marque un tournant important dans sa carrière. C'est la rencontre avec John Ford et trois films, *Young Mr. Lincoln*, *Drums Along the Mohawk (Sur la piste des Mohawks)*, avec Claudette Colbert, et surtout *les Raisins de la colère*, d'après la saga de John Steinbeck où il joue le rôle de Tom Joad.

S'il reçoit une nomination à l'oscar, l'Académie ne le lui décerne pas. Pourtant, pour obtenir ce rôle, Fonda a dû passer sous les fourches caudines de la Fox. Il a un contrat pour plusieurs films. C'est l'entrée en guerre des États-Unis qui permettra à Fonda d'écourter cette descente aux enfers imposée par la Fox. À la fin du conflit, il quitte l'armée avec le grade de lieutenant, l'Étoile de bronze et une citation du président.

La Fox le rappelle. Il tourne deux autres « misérables » films contre sa volonté. Par chance, le premier sonne les retrouvailles avec John Ford, dans un genre où tous deux excellent : le western. C'est *la Poursuite infernale*, dans lequel, à la fin, son personnage, le célèbre Wyatt Earp, épouse Linda Darnell, superbe symbole de la stabilité triomphant enfin de l'Ouest sauvage.

PAGE DE GAUCHE Henry Fonda, portrait pour le studio, vers 1936

EN HAUT Henry Fonda, portrait pour la publicité de *La Poursuite infernale* (*My Darling Clementine*), 1946
CI-CONTRE *Une certaine femme*, 1937, avec Bette Davis

JOHN WAYNE

CI-DESSUS *La Chevauchée fantastique* 1939, avec Claire Trevor
PAGE DE DROITE James Cagney, portrait pour le studio, vers 1936

John Wayne, de son vrai nom Marion Michael Morrison né le 26 mai 1907, débuta à la Fox en 1928 avec Mother Machree, et Hangman's House, puis Salute (1929) où il sera crédité sous le nom de Duke Morrison. L'année suivante, un très grand rôle lui est proposé par Raoul Walsh, lequel va le rendre célèbre sous un nom qu'il va choisir pour lui. Marion accepte de s'appeler John Wayne. *The Big Trail* (*la Piste des géants*, 1930) est en réalité un échec financier retentissant. John Wayne de 1930 à 1939 tourne dans de petits films peu payés jusqu'à ce que Ford fasse appel à lui pour *Stagecoach* (*La Chevauchée fantastique*) qui sera un triomphe et le tournant de sa carrière. Il est à présent demandé par les plus grands réalisateurs, tels que Raoul Walsh, Tay Garnett, Henry Hathaway et bientôt Cecil B. De Mille, et payé 150 000 dollars par film, ce qui fait de lui un des acteurs les plus chers de Hollywood.

Au cours des années quarante, Wayne tourne trente et un films parmi lesquels il faut citer au moins *They Were Expendable* (*les Sacrifiés*, 1945), *Fort Apache* (1948), de John Ford, et *Red River* (*la Rivière rouge*, 1948), de Howard Hawks. En 1952, John Ford lui fait tourner *The Quiet Man (l'Homme tranquille)* aux côtés de Maureen O'Hara, qui sera un autre de ses très grands succès. À la même époque, le « Duke » s'affiche comme un ardent militant du maccarthysme avec le film *Big Jim McLain*.

Depuis 1946, il se bat contre un autre ennemi : le cancer. Celui-ci ne le vaincra définitivement que trente-trois années plus tard. Si certains estiment que le réalisateur de *Alamo* (1959) et de *The Green Berets* (*Les Bérets verts*, 1968) était un affreux réactionnaire, n'oublient-ils pas un peu trop vite le John Wayne de *The Man Who Shot Liberty Valance* (*L'Homme qui tua Liberty Valance*, 1962), de *El Dorado* (1967), *True Grit* (*Cent Dollars pour un shérif*, 1969) ou de *Rooster Cogburn* (*Une bible et un fusil*, 1975), pour ne citer que ceux-là ?

JAMES CAGNEY

Le public l'a adopté à l'instant où il l'a vu à l'écran écraser un demi-pamplemousse sur le visage de Mae Clarke, dans *The Public Enemy (l'Ennemi public)*.

Issu d'une famille modeste, James Cagney s'est essayé à divers petits métiers avant de débuter au music-hall. À la fin des années vingt, il passe au théâtre « classique ». En 1929, la Warner acquiert les droits d'une pièce qu'il présente avec Joan Blondell, *Penny Arcade*.

Elle sera adaptée à l'écran l'année suivante par John G. Adolphi et réintitulée pour la circonstance *Sinners' Holiday*. Cagney se retrouve donc à Hollywood. William Wellman le dirige ensuite dans *l'Ennemi public* qui fera de lui une star. Il l'avait vu et apprécié dans *Doorway to Hell* (*Au seuil de l'enfer*, 1931) où il campait avec brio l'homme de main de Lew Ayres.

Cagney, dès lors, est le stéréotype du gangster de cinéma : voyou cruel aux attitudes enfantines, impulsives et capricieuses, il débite son texte aussi vite qu'il vide ses chargeurs de mitraillette, s'évade de prison et met à sac les bars clandestins de ses concurrents. Les femmes ne sont pas mieux traitées. Pourtant, dans ces films, elles en « redemandent » ! Il les fait souffrir, physiquement ou moralement, ou les deux, et elles ne se détachent pas de lui pour autant. Un mythe vient de naître. En quelques films de ce style, desquels se détachent notamment *Lady Killer* (*le Tombeur*, 1933), et *Angels with Dirty Faces* (*les Anges aux figures sales*, 1938), il se retrouve dans les années trente numéro un au box-office Son contrat avec la Warner expirant en 1940, Cagney accepte de le reconduire pour deux années.

Le personnage qu'il a créé se développe au cours de la décennie suivante. Tout en demeurant énergique, il devient de plus en plus névrosé, pour arriver au psychopathe de *White Heat* (*L'enfer est à lui*, 1949). C'est l'apogée de l'acteur, les films suivants seront de qualité inégale. Il prendra sa retraite en 1961, pour revenir au cinéma, le temps d'une apparition, dans *Ragtime*, de Milos Forman, vingt ans plus tard.

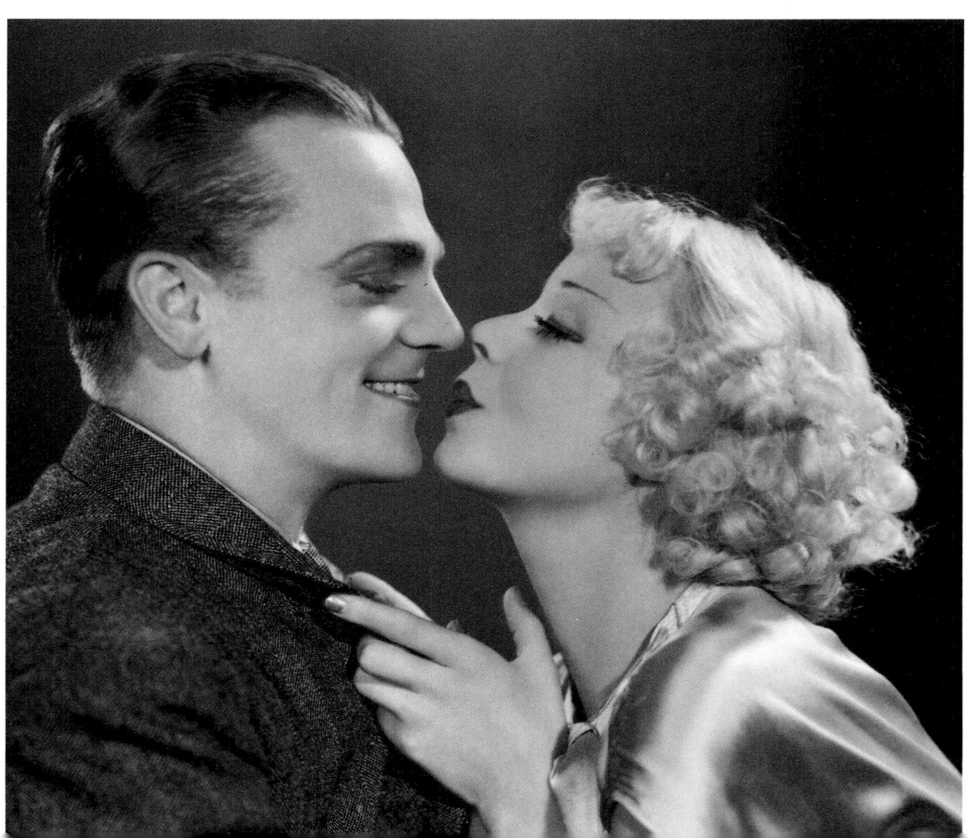

EN HAUT *L'Ennemi public*, 1931, avec Jean Harlow
CI-CONTRE *The Picture Snatcher*, 1933, avec Alice White

PAGE DE DROITE Clark Gable, portrait pour le studio, 1937, par Laszlo Willinger

CLARK GABLE

En 1938, dans *Broadway Melody*, de Roy del Ruth, Judy Garland contemple une photo de Gable et chante : « Vous m'avez rendue amoureuse de vous ! » exprimant les sentiments de milliers de femmes à travers l'Amérique.

Plus que sa réelle habileté de comédien, le charme stupéfiant de l'acteur en a fait le roi de Hollywood dès les débuts du parlant et ce pour trente années. Et pourtant, ses premiers films ne seront que des œuvres mineures, si l'on excepte certains « classiques » tels *Red Dust* (*la Belle de Saigon*, 1932), de Victor Fleming, son réalisateur fétiche. Si la Warner a James Cagney, la MGM l'a, lui. Et il excelle dans les rôles exacerbant sa personnalité de dur à cuire sympathique qui ne mâche pas ses mots.

Gable était particulièrement fier de sa technique d'acteur quand il s'agissait de séduire sa partenaire à l'écran. Il pensait en la regardant à un gros steak bien saignant. Et elles craquaient toutes ! De Mary Astor à Marilyn Monroe, en passant par Jean Harlow, Joan Crawford, Norma Shearer, Greta Carbo, Vivien Leigh, Hedy Lamarr et Carole Lombard !

Son attitude était souvent la même. Il pouvait être amoureux d'elles, il ne roucoulait jamais. Il les traitait en égales, attendant d'elles un comportement identique, fait d'honnêteté et d'intégrité, ou alors, gare aux conséquences ! Dans un de ses grands succès, *It Happened One Night* (*New York-Miami*, 1934), il est un reporter amoureux d'une jeune fille de la haute société, Claudette Colbert en l'occurrence. Il se refuse aux ronds de jambe, ce qui ne manque pas de la surprendre. Et pourtant, son dernier rempart tombera à la fin du film. Il est symbolisé ici par une couverture séparant verticalement leurs deux lits.

EN HAUT *Le Tourbillon de la danse*, 1933, avec Joan Crawford
CI-CONTRE *Un mauvais garçon*, 1932, avec Carole Lombard

PAGE DE DROITE Portrait pour le studio, vers 1931, par George Hurrell

Autre anecdote amusante, le fait qu'il ne porte pas de maillot de corps dans ce film. Ce qui sera constaté lorsqu'il ôtera sa chemise. Cette révélation sera une catastrophe pour l'industrie des sous-vêtements dont les ventes feront une chute libre dès la sortie du film.

Cette aisance, cette simplicité à l'écran ne sont pas feintes. À la ville, l'homme est tout aussi direct et ne joue pas à la star. Il pratique également l'autodérision quand on l'interroge sur son charisme en parlant de ses oreilles grandes comme des portes de garage, de ses dents « pas toutes d'origine »,

CI-CONTRE *La Fièvre du pétrole*, 1940, avec Hedy Lamarr
CI-DESSOUS *Franc jeu*, 1941, avec Lana Turner

etc. Cette attitude sera d'ailleurs copiée plus tard par Burt Reynolds, quand il sera au faîte de sa gloire. Autre temps, autres mœurs, lui posera en tenue d'Adam sur la page centrale réservée au *playmate* du mois.

Ce sont ses deux premières femmes, toutes deux actrices et plus âgées que lui, qui lui ont mis le pied à l'étrier. Après Josephine Dillon et Ria Langham, il profitera de la célébrité de Joan Crawford qui, dans son langage cru, le qualifiera ainsi plus tard : « Il avait des c... » !

En 1939, il épouse Carole Lombard. Il sera son grand amour. Ils n'auront guère le

CI-CONTRE *Chronique mondaine*, 1935, avec Constance Bennett
CI-DESSOUS *Le Cargo maudit*, 1940, avec Joan Crawford

temps de vivre l'émoussement de leur passion puisque l'actrice disparaîtra en 1942 dans un accident d'avion. Si le film *New York-Miami* lui vaudra un oscar, bien d'autres réalisations remporteront des succès triomphaux. Les producteurs accumuleront les défis, l'opposant au redoutable Spencer Tracy dans *San Francisco* (1936) et *Test Pilot* (*Pilote d'essai*, 1938), de Fleming. Ce dernier le dirigera enfin dans *Gone With the Wind* (*Autant en emporte le vent*, 1939). À ce sujet, on raconte que Margaret Mitchell pensait déjà à lui en créant son personnage de Rhett Butler. Celui-ci dit notamment dans le livre : « Pour être franc, ma chère, ça m'est bien égal. » Cette phrase est typique de Gable dans la vie.

Gable a été choisi à l'unanimité pour tenir ce rôle qui lui apportera son troisième oscar. Dans ce rôle d'aventurier du Sud sans scrupules, il se révèle un acteur accompli et des plus talentueux. En lui remettant sa statuette, on ne tarit bien sûr pas d'éloges à son égard. Il se contente de répondre : « Oh ! je ne suis qu'un bouseux de l'Ohio qui s'est trouvé au bon endroit au bon moment. »

Le dernier message câblé par Carole Lombard lui disait : « Pappy, tu devrais bien t'engager dans cette armée. » Gable s'enrôle dans l'U.S. Air Force en 1942. Trois ans plus tard, de retour à la MGM, on lui impose comme partenaire Greer Garson, qu'il déteste, pour *Adventure (l'Aventure)*, comédie médiocre de Fleming. S'il se rattrape quelque peu dans la qualité avec Deborah Kerr en tournant *The Hucksters* (*Marchands d'illusions*, 1947), de Jack Conway, film sur les médias, ses apparitions suivantes ne sont guère marquantes. Il est toujours aussi populaire, mais son âge ne lui permet plus d'être crédible dans les rôles de jeunes premiers romantiques que Hollywood s'obstine

EN HAUT *La Belle de Saigon*, 1932, avec Jean Harlow
CI-CONTRE *La Belle de Saigon*, avec Mary Astor

à lui confier. Tous essaient de renouveler l'exploit d'*Autant en emporte le vent* sans y parvenir. Le moule est cassé. Néanmoins, son film le plus réussi après-guerre est sans doute *Mogambo* (1953), remake de *la Belle de Saigon*, cette fois réalisé par John Ford, avec Grace Kelly et Ava Gardner pour remplacer respectivement Mary Astor et Jean Harlow. Pendant ce temps, sa vie privée est toujours aussi agitée. Il se remarie deux fois, d'abord avec Lady Ashley, puis avec Kay Spreckels, sosie de Carole Lombard, qui lui donnera son unique héritier, lequel naîtra peu après sa mort, en novembre 1960.

Son dernier rôle, celui du cow-boy vieillissant, dans *The Misfits (les Désaxés)*, de John Huston, correspond à la réalité. Gable y ironise sur son propre vieillissement, sa propre déchéance de *has been* qui sait pourtant toujours séduire.

EN HAUT *Les Désaxés* (*The Misfits*), 1961
CI-CONTRE *Mogambo*, 1953, avec Grace Kelly

DOUGLAS FAIRBANKS Jr.

Les studios n'eurent pas à chercher très loin pour trouver un remplaçant à Douglas Fairbanks Sr. De son premier mariage avec Anna Beth Sully était né un fils, Doug Jr., qui avait été élevé en Angleterre.

Contre la volonté de son père, il s'était essayé au même métier à la fin du muet, sans grand succès d'ailleurs. L'avènement du parlant lui offrira de chausser les bottes montantes de son papa et d'exhiber ses propres talents d'escrimeur, bien que son physique et ses manières ne fassent nullement penser à un boucanier des mers du Sud.

Toutefois, il fera un très honorable Rupert de Hentzau dans la version de 1937 du *Prisonnier de Zenda*, signée par John Cromwell. De même, il ne décevra pas aux côtés de Cary Grant et de Victor McLaglen dans *Gunga Din*, de George Stevens, film-fleuve-épopée, où tous trois se retrouvent à défendre un fort et la vertu de Joan Fontaine au beau milieu de l'empire des Indes (1939).

Homme en vue, marié une première fois à Joan Crawford, il se dirige ensuite vers des rôles plus appropriés à son allure de fils de famille. On le voit en admirateur insouciant d'Irene Dunne dans *Joy of Living (Quelle joie de vivre !)*, de Tay Garnett, en étudiant employé dans un camp de vacances pour jeunes filles dans *Having a Wonderful Time*, d'Alfred Santell, cette fois avec Ginger Rogers et aux côtés de Danièle Darrieux dans *The Rage of Paris (la Coqueluche de Paris)*, de Henry Koster. Après ces comédies légères, dans les années quarante, il revient aux films d'aventures. Le plus notable est sans aucun doute *Sinbad the Sailor* (*Sinbad le marin*, 1947), de Richard Wallace. Il prendra sa retraite au début de la décennie suivante, apparaissant toutefois par intermittence à la télévision dans sa propre série, intitulée « Douglas Fairbanks présente ».

CI-CONTRE *Gunga Din*, 1939, avec Joan Fontaine

BING CROSBY

Le monde est en ébullition quand sort en 1941 l'insouciant *Birth of the Blues* avec le non moins insouciant Bing Crosby. Il fait ensuite équipe avec Bob Hope et Dorothy Lamour pour une série de films tout aussi légers et musicaux tous intitulés « *Road to* » *(En route pour)*. Le sympathique crooner y est aussi à l'aise qu'un poisson dans l'eau. En 1944, sa prestation en prêtre irlandais terre à terre et porté sur le whisky dans *Going My Way (la Route semée d'étoiles)* de Leo McCarey, lui vaut un oscar. D'une santé toujours brillante, sa vie trouvera une fin logique au bout d'un parcours de golf, précisément. Auparavant toutefois, il aura effectué un charmant *come back* en 1954 et 1956 avec deux films de la même veine, *White Christmas (Noël blanc)*, de Michael Curtiz, et *High Society (Haute Société)* de Charles Walters.

CI-DESSOUS *Birth of the Blues*, 1941, avec Mary Martin

NELSON EDDY

Comme le fit la MGM, on ne peut qu'associer le nom de ce charmant blondinet chantant à celui de Jeanette MacDonald. En effet, c'est ensemble qu'ils connurent le succès dans une série d'opérettes filmées qui débuta en 1935 par *Naughty Marietta (la Fugue de Mariette)*. On disait que les deux partenaires ne s'entendaient pas et pourtant ils furent baptisés par la presse les « fiancés de l'Amérique ». En 1936 et 1937, le public se précipita dans les salles pour les entendre dans *Rose Marie* et *Maytime (le Chant du printemps)*. Quand ils se séparèrent, dans les années quarante, Nelson Eddy vit sa carrière s'effondrer. Il se consacra alors entièrement à la chanson. Après une attaque cardiaque sur scène, il mourut au cours d'une tournée australienne.

EN HAUT Nelson Eddy, portrait pour la publicité du *Chant du printemps*, 1937, avec Jeanette MacDonald

FRED ASTAIRE

Il incarnait la danse, la grâce et l'élégance. Ce qui explique que ses jambes aient été assurées pour 300 000 dollars (les deux !). Sur la scène de Broadway, il formait avec sa sœur aînée Adele un couple de rêve. Celle-ci prenant sa retraite, il part pour Hollywood. Les résultats du bout d'essai sont notés sévèrement : « Ne sait pas jouer. Début de calvitie. Sait un peu danser. » On doit à la RKO son partenariat avec la flamboyante Ginger Rogers. Depuis, personne n'a su danser comme eux. Ginger ne pouvait rivaliser de technique avec lui, mais savait compenser ce manque par son époustouflante sensualité. Katharine Hepburn les décrivait ainsi : « Il lui apportait la classe, elle, un sexe. » Citons parmi leurs principaux films, *The Gay Divorcee* (*la Joyeuse Divorcée*, 1934), *Top Hat* (*le Danseur du dessus*, 1935), *Roberta* (1935), *Swing Time* (*Sur les ailes de la danse*, 1936). À la fin des années trente, Ginger abandonne la danse. Fred Astaire se recycle en devenant à l'écran le débonnaire chevalier servant d'une kyrielle de vedettes féminines comme Eleanor Powell, Rita Hayworth, Cyd Charisse, Judy Garland ou Audrey Hepburn. Les mauvaises langues diront que le charme est rompu en l'absence de Ginger. C'est oublier ses performances en solo et les moments forts de *The Band Wagon (Tous en scène, 1953)* avec Cyd Charisse et de *Funny Face* (*Drôle de frimousse*, 1957) avec Audrey Hepburn.

En 1946, lorsqu'on l'opposa à son rival, Gene Kelly, dans *Ziegfeld Follies*, il fut déclaré vainqueur aux points. En 1949, le producteur Arthur Freed lui fait retrouver sa partenaire Ginger Rogers dans *The Barkleys of Broadway (Entrons dans la danse)* pour un ultime tour de piste. Astaire saura se montrer convaincant dans des rôles plus dramatiques, notamment dans *On the Beach* (*le Dernier Rivage*, 1959) et *The Towering Inferno* (*la Tour infernale*, 1974). Auparavant, en 1949, on lui aura remis un oscar d'honneur pour « ses qualités artistiques uniques et sa contribution à la technique du cinéma ».

CI-CONTRE Fred Astaire, portrait pour la publicité de *Broadway qui danse*, 1940

LESLIE HOWARD

Un accent anglais parfait, un regard songeur, une timidité de bon aloi firent de lui une vedette de cinéma dès son arrivée à Hollywood. Il avait déjà une sérieuse réputation de comédien dans son Angleterre natale quand, en 1932, Sidney Franklin l'opposa à Norma Shearer dans *Smilin' Through (Chagrin d'amour).* Ce film fit pleurer dans les chaumières. Il remporta un égal succès trois ans plus tard avec *The Scarlet Pimpernel (le Mouron rouge)*, de Harold Young, produit par Alexander Korda, avec Merle Oberon. Il y était un aristocrate raffiné mais audacieux. En 1936, on lui offrit de reprendre à l'écran le rôle qu'il avait joué dans la pièce de Robert Sherwood, *The Petrified Forest (la Forêt pétrifiée)*, celui d'un étranger rêveur qui se prend d'amitié pour une jeune serveuse idéaliste (Bette Davis, cette fois), avant d'être tué par le gangster (Bogart) qui les a pris tous deux en otages dans un petit restaurant de bord de route dans l'Arizona. C'est Howard qui insista auprès du réalisateur Archie Mayo pour que le rôle du gangster en cavale ne soit pas tenu par Edward G. Robinson, mais par Bogie, ce qui scellera une amitié solide entre les deux acteurs.

On lui confia par la suite des rôles plus complexes, tels celui de Roméo face à une Norma Shearer en Juliette, ou celui du comptable new-yorkais confronté aux délires hollywoodiens, dans *Stand-In* (1937), de Tay Garnett, également avec Bogart. En 1938, il est un remarquable professeur Higgins instruisant Wendy Hiller dans ce *Pygmalion* qu'il cosigne avec Anthony Asquith.

Il a quarante-cinq ans quand on lui propose le rôle d'Ashley Wilkes dans *Autant en emporte le vent.* Il y sera pourtant merveilleux en véritable gentilhomme sudiste, dont l'honnêteté et la distinction s'opposeront parfaitement au cynisme prosaïque de Rhett Butler – Clark Gable.

La déclaration de guerre le mobilise dans des films de propagande. Il se dévoue éga-

CI-CONTRE Leslie Howard dans *Le Mouron rouge*, 1935, avec Merle Oberon

lement, tant à la radio que dans la presse, pour inciter ses concitoyens à lutter contre le nazisme. En 1942, il tourne dans *The First of the Few* avec David Niven, tribut aux pilotes de la Royal Air Force. Ce sera son dernier film. Il mourra tragiquement un an plus tard, alors qu'il était à bord d'un avion non armé. Des chasseurs allemands l'avaient pris pour cible.

CI-CONTRE *Âmes libres*, 1931, avec Norma Shearer
CI-DESSOUS *La Forêt pétrifiée*, 1936, avec Bette Davis

CHARLES BOYER

CI-DESSUS *Le destin se joue la nuit*, 1937, avec Jean Arthur

Il a vingt-trois ans quand il débute en 1920 dans *l'Homme du large* de Marcel L'Herbier. Durant les dix années suivantes, il apparaît dans cinq autres films – dont *la Ronde infernale* (1928, tourné en Allemagne), mais joue beaucoup au théâtre. Sa très belle voix et son allure « d'amant latin aux yeux de velours » le font adopter par Hollywood dès les débuts du parlant. Ce sont tour à tour *Red-Headed Woman* (*la Belle aux cheveux roux*, 1932), de Jack Conway, et *The Man From Yesterday* (*le Revenant*, 1932), de Berthold Viertel. Par la suite, il sera le partenaire de Greta Carbo dans *Conquest* (*Marie Walewska*, 1937), de Clarence Brown, et de Marlene Dietrich dans *The Garden of Allah* (*le Jardin d'Allah*, 1937), de Richard Boleslawski. En 1938, il jouera avec Hedy Lamarr dans *Algiers (Casbah)*, de John Cromwell. Après la guerre, il sera dirigé par Lubitsch dans *Cluny Brown* (*la Folle ingénue*, 1946) avec Jennifer Jones, par Lewis Milestone dans *Arch of Triumph* (*Arc de triomphe*, 1947) avec Ingrid Bergman, par Otto Preminger dans *The Thirteenth Letter* (1951) avec Linda Darnell. Il sera le partenaire de Brigitte Bardot dans *Une Parisienne* de Michel Boisrond. Il sera particulièrement émouvant dans le remake de *The Four Horsemen of the Apocalypse* (*les Quatre Cavaliers de l'Apocalypse*, 1961), de Vicente Minnelli, aux côtés de Glenn Ford, Paul Henreid et Ingrid Thulin. Citons encore *How to Steal a Million* (*Comment voler un million de dollars*, 1966) de William Wyler, *Barefoot in the Park* (*Pieds nus dans le parc*, 1967), de Gene Saks, *The Madwoman of Chaillot* (*la Folle de Chaillot*, 1969), par Bryan Forbes, et *Stavisky* (1974), d'Alain Resnais. En 1976, il retrouve Minnelli pour son dernier film, *A Matter off Time (Nina)*. Ce très grand séducteur à l'écran n'a eu qu'une seule épouse, la comédienne britannique Pat Patterson qui va succomber au cancer en 1978. Ne supportant pas sa disparition, Charles Boyer se suicidera la même année.

DAVID NIVEN

Attiré par une vie luxueuse qu'il ne peut encore s'offrir, c'est un ex-militaire de carrière britannique qui tente sa chance à Hollywood. En 1935, Samuel Goldwyn lui fait signer un contrat portant sur quinze ans. Cette année-là, il apparaît dans cinq films. L'année suivante, il tourne dans cinq autres parmi lesquels il faut surtout citer *The Charge of the Light Brigade (la Charge de la Brigade légère)* avec Errol Flynn et Olivia De Havilland. À Hollywood, les acteurs britanniques sont à la mode en cette fin de décennie. Niven en bénéficie. Il tourne notamment *Wuthering Heights (les Hauts de Hurlevent)* avec Laurence Olivier et Merle Oberon. Puis c'est la guerre. L'ancien officier de réserve s'engage. En 1944, il est colonel et participe au débarquement de Normandie.

De retour à Hollywood, il enchaîne comédie sur comédie. On y admire son élégance vestimentaire, ses manières impeccables et son esprit. Il a aussi un air un peu canaille qui fait merveille dans les rôles de méchant. Il est parfait en Phileas Fogg, ce grand bourgeois qui, sur un pari, s'engage à faire *le Tour du monde en 80 jours* et sort des pires situations sans un faux pli à son pantalon de flanelle gris perle !

On n'oubliera pas le héros des *Canons de Navarone*, le plus gentleman des cambrioleurs de *la Panthère rose, le Cerveau* de Gérard Oury. Mais s'il est un film qui le caractérise merveilleusement, c'est bien *Murder by Death* (*Un cadavre au dessert*, 1976), de Robert Moore. Il y incarne un grand détective britannique en smoking, gravure de mode nantie d'un verre de sherry sec, guide du savoir-vivre ambulant et complètement fauché. Dans ce film, il rivalise de talent avec d'autres « pointures » de sa profession, tels Peter Sellers, Peter Falk, et James Coco. Et il sera, comme eux tous, berné par un Truman Capote multipliant les déguisements.

CI-CONTRE David Niven, portrait pour la publicité de *Raffles*, 1940

LAURENCE OLIVIER

Le théâtre anglais, shakespearien, est son domaine. Ses incursions au cinéma, et à Hollywood, ne seront qu'accidentelles et souvent contre son gré. Raoul Walsh le fait débuter à Hollywood aux côtés de Lionel Barrymore et de Boris Karloff dans *The Yellow Ticket* (*le Passeport jaune*, 1931).

Comble d'humiliation, alors qu'il avait été pressenti pour être le partenaire de Garbo dans *la Reine Christine*, on le remplace par John Gilbert. L'acteur retourne en Angleterre et à sa véritable passion.

Trois ans plus tard, Hollywood le rappelle. Olivier accepte à contrecœur parce qu'il s'agit d'adapter à l'écran *Wuthering Heights (les Hauts de Hurlevent)*. Ce film de William Wyler sera un triomphe et relancera sa carrière cinématographique. Hitchcock l'opposera à Joan Fontaine pour son adaptation du *Rebecca* de Daphné Du Maurier, ce qui lui vaudra une nomination à l'oscar. Dans un registre plus léger, il est le snob fastueux de *Pride and Prejudice (Orgueil et Préjugés)*. En 1944, il mène à bien son grand projet : porter *Henry V* à l'écran. Ce film lui vaudra plusieurs nominations à l'oscar. Il l'obtiendra en 1948 pour avoir adapté à l'écran *Hamlet*. Cette année-là, il sera anobli par la reine.

Ses autres interprétations importantes comprennent *Richard III* (1955) qu'il met également en scène, le tsar de Russie dans *Nicholas and Alexandra* (*Nicolas et Alexandra*, 1971), de Franklin J. Schaffner, et ce démentiel dentiste nazi qui martyrise Dustin Hoffman dans *Marathon Man* de John Schlesinger (1976). Deux ans plus tard, il retrouvera Scheffner et l'univers nazi avec *The Boys From Brazil (Ces garçons qui venaient du Brésil)*. Mais s'il est un film qui résume ses qualités d'acteur, c'est probablement *Sleuth* (*le Limier*, 1972) de Joseph L. Mankiewicz, où il rivalise de talent avec Michael Caine durant 139 minutes.

CI-CONTRE Laurence Olivier, portrait pour le studio, vers 1940, par Laszlo Willinger

ROBERT MONTGOMERY

Il a prouvé qu'un Américain pouvait aussi être une gravure de mode à l'écran, à la manière des acteurs britanniques d'avant-guerre. En 1933, dans *Night Flight (Vol de nuit)*, il porte un smoking sous sa tenue de pilote. Dans *The Divorcee* (*la Divorcée*, 1930), il « se sert » de Norma Shearer aussi négligemment que d'un cocktail. On lui attribuera d'ailleurs très souvent des rôles d'Anglais, comme dans *Private Lives* (*Vies privées*, 1931) ou *Haunted Honeymoon* (1940), d'Arthur B. Woods, où il est un lord expert en criminologie. Il sera le partenaire de Greta Garbo dans *Inspiration* (*l'Inspiratrice*, 1931), de Clarence Brown, de Joan Crawford dans *Forsaking All Others* (*Souvent femme varie*, 1934), de W. S. Van Dyke II et dans cinq autres films, de Carole Lombard dans *Mr. and Mrs. Smith* (*M. et Mme Smith*, 1941), mais son film le plus intéressant est sans doute celui qu'il a mis en scène lui-même en 1946. Son adaptation du *Lady in the Lake (la Dame du lac)*, de Raymond Chandler, repose sur une astuce souvent utilisée au cinéma, le principe de la caméra subjective. S'il se garde le rôle du célèbre privé de Chandler, Philip Marlowe, celui-ci n'apparaît quasiment jamais à l'image, sauf lorsqu'il se regarde dans un miroir ou qu'il s'adresse au spectateur.

Très engagé politiquement à l'extrême droite, Montgomery participera activement à la campagne d'élection d'Eisenhower, qui le prendra par la suite comme conseiller pour ses propres apparitions à la télévision.

CI-CONTRE Robert Montgomery, portrait, vers 1932, par George Hurrell

PAGE DE DROITE Cary Grant, portrait pour le studio, 1940, par Clarence Sinclair Bull

CARY GRANT

Issu d'un foyer désuni, Archibald Alexander Leach est né à Bristol en Angleterre, le 18 janvier 1904. Sa mère souffrait de dépression, il détestait l'école, et préférait aller au théâtre de l'Hippodrome. Il fuguera dès l'âge de quatorze ans pour se joindre à une troupe de jeunes bateleurs qui se produisent dans les théâtres de Londres. Il sera sélectionné pour se produire à New York, où il restera, passant à l'opérette à la fin des années vingt.

Cary Grant est l'acteur le plus universellement séduisant de son temps. Il se maintient à un niveau extraordinaire au cours d'une carrière qui va des années trente aux années soixante, et bien qu'il n'ait jamais remporté l'oscar du meilleur acteur, peut-être à cause de l'aisance trompeuse de ses interprétations, il a sans doute le droit d'être tenu pour l'un des grands d'Hollywood. Son charme aimable et insouciant, ses dons innés de comédien et son incroyable sens du rythme ont fait de lui un maître de la comédie légère des années trente.

CI-DESSUS *Blonde Vénus*, 1932, avec Marlene Dietrich
PAGE DE GAUCHE *Suzy*, 1936, avec Jean Harlow

En 1923, Cary Grant joue à Broadway dans des comédies musicales sous son véritable nom Archibald Leach et, huit ans plus tard, sans se laisser décourager par ses échecs auprès des imprésarios qui lui avaient dit qu'il avait les jambes arquées et un cou trop épais, il part pour la côte Ouest. Il prend alors le nom de Cary Grant.

En 1931, un contrat de cinq ans avec la Paramount le fera arriver à Hollywood. Le jeune premier Cary Grant est certes séduisant, mais encore bien terne. Il n'appartient pas à cette catégorie d'acteurs capables de construire un personnage à partir d'un rôle faible. Il lui faut du sur-mesure. Il n'est, pour l'instant, que le faire-valoir des grandes vedettes féminines de l'époque, telles Fay Wray, Mae West ou Marlene Dietrich. Il en profite pour apprendre son métier, tout simplement, dans une vingtaine de films. En 1937, l'élève dépasse ses maîtres et reçoit une nomination à l'oscar pour son jeu dans *The Awful Truth (Cette sacrée vérité)*, son premier grand succès dans une comédie, aux côtés d'Irene Dunne. Se succéderont dès lors d'autres comédies du genre « brillant », dont une dirigée en 1938 par Howard Hawks avec Katharine Hepburn : *Bringing up Baby (l'Impossible monsieur Bébé)*, qui remportera un excellent accueil auprès du public. Dans ce film Hawks fait jouer à l'acteur un savant desséché, dont le vide émotionnel est symbolisé par le squelette de brontosaure qu'il reconstitue pour un musée ; et il n'est ramené à la vie que par Katharine Hepburn. George Cukor lui fera d'ailleurs retrouver Katharine Hepburn la même année pour *Holiday (Vacances)*.

Grant enchaîne avec un genre nouveau, la parodie policière, où il promène sa nonchalance sympathique, sa fausse gaucherie et sa désinvolture souriante. Interviewé sur ses techniques d'acteur, Grant a toujours répon-

EN HAUT *Vacances*, 1938, avec Katharine Hepburn

CI-CONTRE *Arsenic et vieilles dentelles*, 1944, avec Priscilla Lane

du : « Je ne fais que jouer mon propre personnage, mais je le connais sur le bout des doigts. » Cette pirouette de star a été notamment démentie par Irene Dunne qui disait de lui : « Derrière cet homme insouciant et raffiné à l'écran, il y a un travailleur acharné et un esprit rigoureux. »

Des metteurs en scène comme Cukor, Hawks et Hitchcock sauront tirer parti de ce talent de dandy qui sait osciller sans effort apparent du grave au comique. Dans les années quarante et cinquante, la plupart de ses créations ont marqué des films inoubliables, tels *The Philadelphia Story (Indiscrétions)*, avec Katharine Hepburn, *Suspicion (Soupçons)*, avec Joan Fontaine, *Notorious (les Enchaînés)* avec Ingrid Bergman, *To Catch a Thief (la Main au collet)* avec Grace Kelly et le film le plus populaire de Hitchcock, *North by Northwest (la Mort aux trousses)* avec Eva Marie-Saint et James Mason. Dans ce film Hitchcock prend cette image du séducteur habile qui fait confiance à son charme irrésistible pour s'en tirer et, en le privant de sa précieuse identité, le réduit à une impuissance totale à laquelle il ne peut échapper qu'en avouant ses besoins et en faisant preuve d'humilité. Cary Grant ne peut exprimer ces ambiguïtés que grâce à un immense talent d'acteur, en parfaite possession de ses moyens artistiques.

En 1963, Cary Grant partagera aussi l'affiche avec Audrey Hepburn, pourtant de vingt-cinq années sa cadette, dans *Charade*, de Stanley Donen. En effet, en vieillissant, il devient encore plus séduisant et fascinant. Trois ans plus tard, *Walk, Don't Run (Rien ne sert de courir)*, de Charles Walters, sera son chant du cygne. Auprès de Samantha Eggar et de Jim Hutton, il personnifiera un vieillard cupide obligé de partager son appartement pendant les jeux Olympiques de Tokyo. Puis il sera, dans la vie, un homme

EN HAUT *Soupçons*, 1941, avec Joan Fontaine

CI-CONTRE *Seuls les anges ont des ailes*, 1939, avec Rita Hayworth

CI-CONTRE Portrait pour le studio, 1940,
par Clarence Sinclair Bull
CI-DESSOUS *Indiscrétions*, 1940,
avec Katharine Hepburn

PAGE DE DROITE *Les Enchaînés*, 1946,
avec Ingrid Bergman

d'affaires avisé en dirigeant la société de produits de beauté Fabergé. Ses trois premiers mariages – avec Virginia Cherrill la comédienne, Barbara Hutton, la richissime héritière des magasins Woolworth, et Betsy Drake, sa partenaire dans *Every Girl Should be Married (la Course au mari)* – se termineront très vite par des divorces. Grant expliquera que ces ruptures hâtives avaient leurs racines dans la perte prématurée de sa mère. Dyna Cannon, sa quatrième épouse, lui donnera une fille.

EN HAUT Cary Grant, portrait pour la publicité d'*Indiscret*, 1958
CI-CONTRE *Orgueil et Passion*, 1957, avec Sophia Loren

PAGE DE DROITE Melvyn Douglas, portrait pour le studio, vers 1931

MELVYN DOUGLAS

Le fils du célèbre compositeur Hesselberg sera dans les années trente et quarante l'un des interprètes raffinés et souriants de la comédie légère américaine.

Il débute en 1931 dans *Tonight or Never (Ce soir ou jamais)*, de Mervyn Le Roy, aux côtés de Gloria Swanson. Sa personnalité charmante ne risquant aucunement d'éclipser ses partenaires prestigieuses, il va servir de faire-valoir à Greta Garbo pour *Ninotchka* (1939), à Marlene Dietrich pour *Angel (Ange)*, à Claude Colbert pour *She Married Her Boss (Mon mari, le patron)*, et Irene Dunne pour *Theodora Goes Wild (Théodora devient folle)*, pour ne citer qu'elles.

À la déclaration de guerre, il s'engage dans l'armée. À son retour, sa place de jeune premier romantique étant prise, il se consacre au théâtre où il prouve qu'il peut être un peu plus « consistant ». Broadway établit sa réputation et il effectue de nombreuses tournées théâtrales de par le monde.

En 1962, son retour à Hollywood est marqué par sa superbe prestation dans *Billy Budd*, de Peter Ustinov, d'après un roman d'Herman Melville. Il y rivalise de talent avec Robert Ryan et Terence Stamp. La même année, il tient le rôle du père de Paul Newman dans *Hud (Le Plus Sauvage d'entre tous)*, de Martin Ritt, performance récompensée par un oscar du meilleur second rôle. Il se spécialise ensuite dans les emplois de patriarches au cinéma, sachant diversifier davantage ses rôles au théâtre. En 1972, Michael Ritchie le dirige avec Robert Redford et Peter Boyle dans *The Candidate (Votez McKay)*. En 1979, il retrouvera un sujet politique en jouant avec Alan Alda, Meryl Streep et Barbare Harris dans *The Seduction of Joe Tynan (Vie privée d'un sénateur)*, de Jerry Schatzberg.

En 1981, John Irvin le fait se joindre à trois autres vétérans de l'écran, Fred Astaire, John Houseman et Douglas Fairbanks Jr. pour représenter quatre distingués grands-pères de la Nouvelle-Angleterre liés par un terrible secret. C'est *Ghost Story (le Fantôme de Milburn)*, d'après un roman à succès de Peter Straub.

CI-DESSUS *Ninotchka*, 1939, avec Greta Garbo

ROBERT DONAT

Cet acteur britannique débute en 1932 dans *Men of Tomorrow*, de Leontine Sagan, après dix ans d'apprentissage théâtral. Il montre tout de suite qu'il est un comédien formé, mais aussi scrupuleux et attentif au moindre détail. Tout comme Ronald Colman, il incarne l'essence même du gentleman anglais. Il est de santé fragile. Celle-ci semble se transformer à l'écran en une extraordinaire sensibilité d'artiste. En 1933, il est sacré vedette internationale grâce à son interprétation de Culpeper dans *The Private Life of Henry VIII (la Vie privée d'Henry VIII)*, film réalisé par Alexander Korda. Ses violentes crises d'asthme lui interdisent les films d'action trop mouvementés.

Il sera l'intrépide Richard Hannay des *Thirty-Nine Steps (les Trente-neuf Marches)*, de Hitchcock, l'émouvant professeur de *Goodbye Mr. Chips* (*Au revoir, M. Chips*, 1939), rôle qui lui vaudra un oscar, et le brillant avocat de la défense de *The Winslow Boy* (*Winslow contre le roi*, 1948), d'Anthony Asquith. En 1949, il repassera derrière la caméra pour signer *The Cure for Love*. En 1951, il incarnera le pionnier du cinématographe William Friese-Green dans *The Magic Box (la Boîte magique)*, de John Boulting.

Dans *Lease of Life*, sa santé déclinante rendra d'autant plus poignante son interprétation d'un pasteur de campagne qui décide de dire ce qu'il a sur le cœur quand on lui apprend qu'il n'a plus que quelques mois à vivre. Son dernier film, *The Inn of the Sixth Happiness* (*l'Auberge du sixième bonheur*, 1958) est à cet égard encore plus émouvant. À la fin, d'une voix rauque quasi imperceptible, Donat dit à Ingrid Bergman en pleurs : « Je pense que nous ne nous reverrons plus. »

Ces mots sont prophétiques. Peu de temps après, on le conduit d'urgence à l'hôpital, où il mourra trois semaines plus tard, à l'âge de cinquante-trois ans.

À DROITE Robert Donat, portrait pour le studio, vers 1937, par Tunbridge

ROBERT TAYLOR

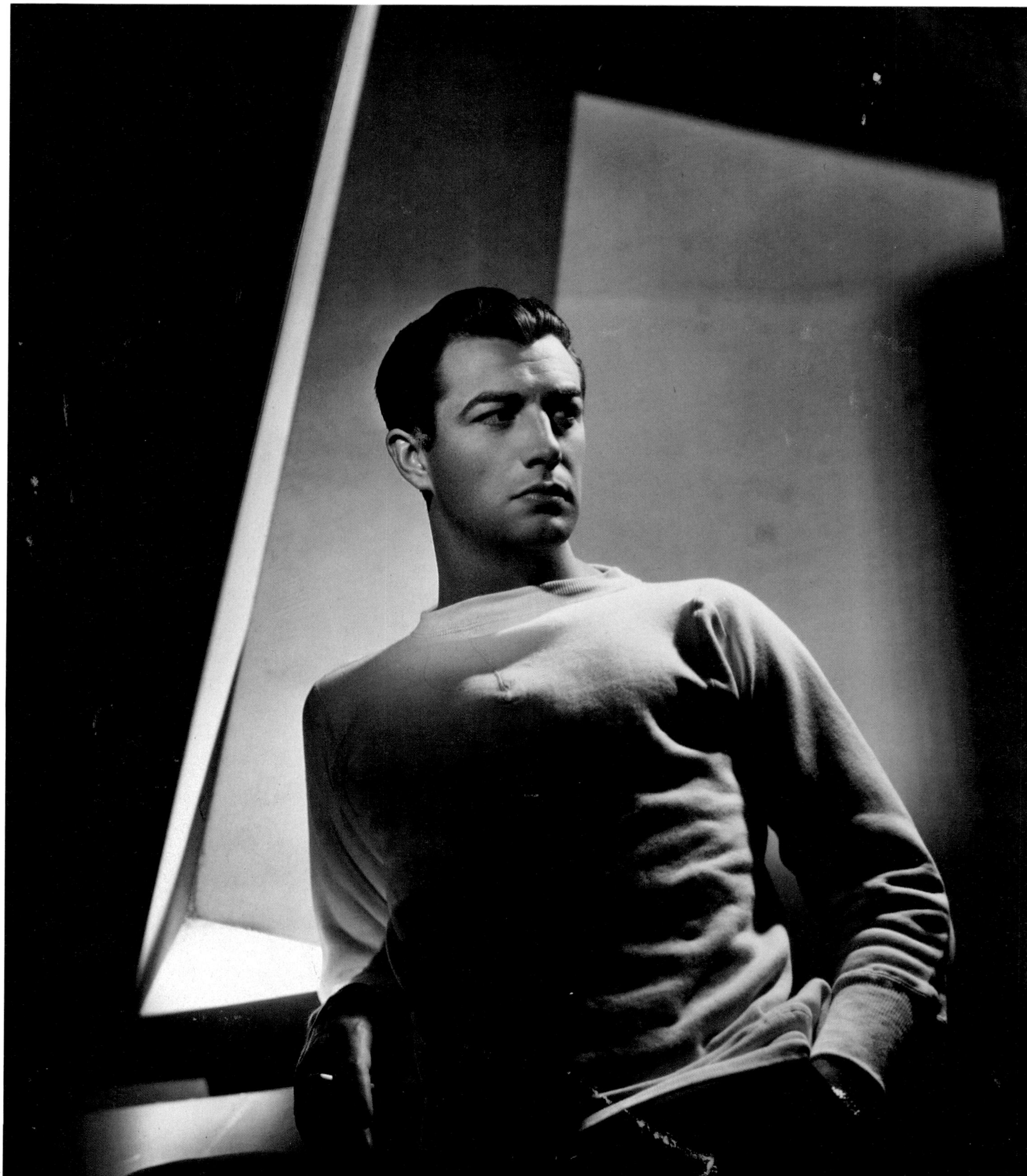

Jeune premier correspondant aux canons de la beauté masculine hollywoodienne, il est « découvert » par la MGM en 1934, trois ans après avoir débuté dans la chanson. Au sein de cette *major company*, il se révèle un employé docile, dévoué, qui ne se plaint jamais. En échange, la MGM, qui le gardera pendant vingt-six années consécutives, ne lui confie que des rôles simples où il peut se contenter de faire admirer sa plastique aux côtés de stars féminines à forte personnalité, telles Eleanor Powell pour *Broadway Melody of 1936 (Mélodie de Broadway)* et Irene Dunne pour *Magnificent Obsession* (*le Secret*

PAGE DE GAUCHE Robert Taylor, portrait pour le studio, 1936, par Ted Allan

CI-CONTRE *Valet de cœur*, 1938, avec Jean Harlow
CI-DESSOUS *L'Enchanteresse*, 1936, avec Joan Crawford

magnifique, 1935), de John M. Stahl, où il est un chirurgien déchu qui se rachète en rendant la vue à la victime de ses frasques automobiles de play-boy imbibé d'alcool. Il sera aussi le faire-valoir de Janet Gaynor, de Loretta Young et de Joan Crawford, entre autres.

En 1936, il est un Armand un peu raide en face de Greta Garbo dans *Camille* (le roman de Marguerite Gautier), de George Cukor, d'autant plus que le flamboyant Lionel Barrymore fait aussi partie de la distribution. L'année suivante, W.S. Van Dyke II n'obtient guère plus de lui en le dirigeant dans *Personal Property (Valet de cœur)*, film dans lequel il courtise Jean Harlow un peu platement. Et pourtant, c'est une véritable frénésie qui envahit les jeunes Anglaises venues l'accueillir à Londres où il doit tourner *A Yank at Oxford (Vivent les étudiants)*, avec Vivien Leigh, en 1938. Taylor, prisonnier de son image, n'est cependant pas dupe du côté artificiel de ce phénomène, renforcé par sa récente liaison avec Barbara Stanwyck (qu'il épousera un an plus tard). Il fera par la suite une déclaration officielle prouvant qu'il y a aussi un cerveau à l'intérieur de cette tête d'Adonis : « J'étais épouvantable, le plus mauvais acteur du monde. Mais j'avais un ou deux avantages : un beau physique, une belle voix. Et je m'en suis tiré comme ça. »

Précisons qu'il fera cette autocritique après avoir montré, dans la seconde partie de sa carrière, qu'il avait, sinon du talent, du moins, du métier. Habile, il nuancera son propos en ajoutant : « Je n'ai jamais été un grand acteur, mais ce qui est sûr, c'est que j'ai joué dans de très bons films. »

Il ne fait pas ici allusion à ceux qu'il tourne au début des années quarante. En fait, la médiocrité de ses rôles est due au fait que la MGM vient de perdre « ses » grandes stars, telles Garbo, Shearer et Crawford, et s'oriente vers les comédies musicales. Taylor participe alors à l'effort de guerre et de-

PAGE DE GAUCHE Robert Taylor, portrait pour le studio, 1936, par Frank Grimes

CI-CONTRE *Camille*, 1937, avec Greta Garbo

vient instructeur de vol dans l'armée. Il prêtera sa belle voix pour un documentaire de propagande intitulé *The Fighting Lady* ; la « lady » en question est un navire de guerre !

Quand Louis B. Mayer récupère son poulain, deux ans plus tard, il ne sait guère qu'en faire. Il lui faudra attendre 1946 pour le relancer, épaulé par Robert Mitchum et par Katharine Hepburn, dans *Undercurrent (Lame de fond)*, de Vincente Minelli. L'année suivante, Curtis Bernhardt le dirige dans un autre drame psychologique, *High Wall (le Mur des Ténèbres)*. Mais c'est en 1950 que Taylor est véritablement reconnu par ses pairs en tenant le rôle d'un Indien floué par les visages-pâles dans *The Devil's Doorway (la Porte du diable)*. C'est son premier western et il est réalisé par un expert du genre, Anthony Mann. Il enchaîne avec deux rôles importants dans des productions à gros budgets de la MGM, *Quo vadis ?* (1951) – où il est un soldat romain amoureux d'une chrétienne (Deborah Kerr) vouée aux arènes, et *Ivanhoe* (*Ivanhoé*, 1952), de Richard Thorpe, où son beau torse est admiré par Joan Fontaine et par Elizabeth Taylor tandis qu'il fait tourner sa fronde.

Du coup, il divorce de Barbara Stanwyck. Est-ce une relation de cause à effet ou s'améliore-t-il en vieillissant ? Toujours est-il qu'il effectue dès lors d'excellentes prestations dans divers films d'action comme *The Last Hunt* (*la Dernière Chasse*, 1956), de Richard Brooks, *Party Girl* (*Traquenard*, 1958), de Nicholas Ray, ou *Saddle the Wind* (*Libre comme le vent*, 1957), de Robert Parrish.

En 1959, il quitte enfin la MGM. Devenu indépendant, il se contente de jouer dans la série télévisée « *The Detectives* » et d'apparaître dans quelques petits westerns. Il est quasi oublié lorsqu'il meurt en 1969.

EN HAUT *Lucky Night*, 1939, avec Mirna Loy
CI-CONTRE *Johnny roi des gangsters*, 1942, avec Lana Turner

RAY MILLAND

À la fin des années trente, cet élégant Gallois est le partenaire des plus séduisantes stars de Hollywood; il joue les lords anglais aux côtés de Claudette Colbert dans *The Gilded Lily*, les fils de magnats face à Jean Arthur dans *Easy Living (La vie est facile)*, les riches play-boys dans *I Wanted Wings*, de Mitchell Leisen, devant Veronica Lake.

Son personnage à l'écran devient plus intéressant grâce à Billy Wilder en 1945. Le film *The Lost Weekend (le Poison)* défraye la chronique puisqu'il traite de l'alcoolisme et de ses ravages, sans voile. Pour la première fois ou presque, Hollywood aborde ce sujet tabou et l'approfondit. La performance de Milland aux côtés de Jane Wyman lui vaudra un oscar. En 1947, il retrouve Leisen pour *Golden Earrings (les Anneaux d'or)*, où il est un officier britannique favorisant l'évasion d'une belle espionne d'origine gitane, en l'occurrence Marlene Dietrich. Durant les deux années suivantes, Milland va travailler avec le réalisateur John Farrow, le père de Mia. C'est tout d'abord *The Big Clock (la Grande Horloge)* où il est le reporter brillant d'un journal de criminologie chargé d'enquêter sur un meurtre en fait commis par son rédacteur en chef, magnifiquement interprété par Charles Laughton. Puis *Alias Nick Beal (Un pacte avec le diable)* où il a pour partenaire Thomas Mitchell. Dans les années cinquante, il réalise plusieurs films de série B dans lesquels il joue, tels *A Man Alone* (*l'Homme traqué*, 1955) ou *The Safecracker* (*le Perceur de coffres*, 1957), mais il est surtout étonnant dans le rôle de cet ancien champion de tennis qui organise le meurtre de sa femme Grace Kelly dans *Le crime était presque parfait* (1954), d'Alfred Hitchcock. Rappelons à cette occasion que ce film a été tourné «en relief». La suite de sa carrière sera de loin moins intéressante et se soldera quasiment par le rôle du père de Ryan O'Neal dans *Love Story (1970)*.

CI-DESSUS *La vie est facile*, 1937, avec Jean Arthur

LES ANNÉES DE GUERRE

Les années de guerre ont contribué au déclin de la puissance hollywoodienne, ainsi qu'à l'écroulement de toutes les valeurs que l'on tenait pour acquises. Le public international de cinéma, au début des années cinquante, n'avait aucun rapport avec celui des années trente, à cause de la rupture entre l'Ouest et l'Est, de la désintégration de l'Empire britannique et de l'appauvrissement de l'Europe tout occupée à sa reconstruction idéologique, sociologique et artistique.

À Hollywood, la guerre imposa le renouveau des genres établis. Les films d'action devinrent des films de guerre, et les vedettes, des militaires, tels Errol Flynn dans *Dive Bomber*, Robert Taylor dans *Flight Command* ou Ray Milland dans *I Wanted Wings*. Ils étaient beaux, courageux et séduisants. Leurs adversaires, les gangsters, se transformèrent en espions allemands. Hollywood commença par entrer dans le conflit de manière symbolique, en parallèle avec la politique nationale de sympathie et de non-engagement. On traitait alors la guerre avec légèreté, comme dans le film de Tyrone Power *A Yank in the R.A.F.*, ou encore on ne l'évoquait qu'à travers l'allégorie, comme dans le film de cape et d'épée avec Errol Flynn, *l'Aigle des mers*, qui incitait la Grande-Bretagne à battre l'Armada espagnole – ou la Luftwaffe. Dans *Sergent York,* Gary Cooper interprétait un pacifiste devenant un héros de la Première Guerre mondiale après avoir décidé que, dans certaines circonstances, on peut considérer que tuer est comme effectuer la tâche de Dieu.

On ne s'engagea vraiment qu'après Pearl Harbour, lorsque, pour l'Amérique et pour Hollywood, ce fut une question de revanche. Tyrone Power, Clark Gable et James Stewart, ainsi que la plupart des grandes stars masculines, combattaient sur terre ou dans les airs et faisaient leur devoir aux côtés de ceux qui avaient payé pour voir leurs films. Ce fut une époque de propagande, de documentaires et de déclarations morales, où Hollywood soutenait l'Oncle Sam. Et, comme d'habitude, on ne lésinait pas sur l'imaginaire. En 1946, l'industrie cinématographique connut la période la plus prospère de son histoire. La guerre avait incité les gens à aller au cinéma, pour oublier, et la paix les y rassemblait pour la célébrer.

Alors, qu'est-ce qui n'allait pas ? D'abord, il y avait moins de beaux hommes. Dans les années trente, ils étaient des milliers à espérer faire du cinéma, mais dix ans plus tard, ce n'était plus le cas. Plus grave, les studios ne semblaient pas comprendre l'état d'esprit et l'atmosphère de l'époque. Parmi les nouvelles stars, beaucoup sortaient d'un moule ancien et paraissaient déplacées dans le monde de l'après-guerre où les croyances d'autrefois sonnaient faux ; les *happy ends* n'étaient plus satisfaisants, et on savait que ce n'était pas toujours le meilleur qui l'emportait. Ce fut le temps de Dana Andrews, innocente victime d'un lynchage dans *l'Étrange Incident*, d'Alan Ladd, mince, calme et pervers, le premier acteur américain à jouer le tueur angélique, et de John Garfield, le premier des « beaux-et-laids ».

Beaucoup de stars des années trente et quarante avaient changé, elles aussi. Pour avoir vécu une guerre, ces acteurs avaient vieilli, étaient plus tristes et plus sages, et leur carrière, parfois, tourna court – comme celle de Clive Brook – ou, plus fréquemment, piétina, parce que ces hommes ne se voyaient plus vraiment dans les rôles de jeunes héros romantiques. Mais les studios s'obstinaient : dans le premier film d'après-guerre de Clark Gable, *l'Aventure*, il jouait avec Greer Garson sous le slogan : « Gable est de retour et c'est Garson qui l'a eu. » La formule lui parut humiliante, et ses amis disent que Greer Garson est l'une des deux seules femmes que Clark Gable détesta sincèrement – l'autre étant Jeanette MacDonald. Il avait horreur de ce film, et il n'y a rien d'étonnant à ce que celui-ci ne marchât pas. Puis Clark Gable fit de meilleurs films, mais ce fut en luttant contre l'ignorance de Hollywood et contre sa tendance à s'accrocher à des gloires passées plutôt que de rechercher de nouveaux héros.

Phénomène significatif : tandis que les vedettes masculines vacillaient, les stars féminines s'imposaient. Rita Hayworth, Betty Grable et Lana Turner avaient l'énergie que perdaient leurs partenaires – cela était dû en partie au hasard et en partie aux rôles qu'on leur attribuait, mais aussi au fait qu'on voyait les personnages des hommes sous une lumière nouvelle, comme le gigolo pique-assiette interprété par William Holden dans *Boulevard du Crépuscule* (1950).

Un autre facteur intervint à cette période. En 1947, le Comité des activités anti-américaines commença son œuvre. Ce chauvinisme officiel s'attaqua au talent et à la créativité qui auraient pu sauver l'industrie dans une période critique, et discrédita Hollywood aux yeux du monde entier. Des carrières et des vies furent détruites : John Garfield, qui resta fidèle aux camarades de gauche qu'il avait connus au début de sa carrière, ne put réagir à l'ostracisme et au rejet, et on attribua sa mort prématurée aux épreuves qu'il avait dû subir.

Mais le tableau n'était pas entièrement sombre. Le désenchantement et la subversion trouvèrent à s'exprimer indirectement, souvent grâce au film noir, qui, après *le Faucon maltais* de John Huston, devint le genre dominant des années quarante. Un nouveau type de héros – du côté du bien, mais pas nécessairement du côté de la loi – trouva une représentation particulièrement forte dans le personnage du détective privé qui, ni gangster ni flic, parcourait les rues malfamées immortalisées par Raymond Chandler et Dashiell Hammet. Humphrey Bogart exprimait à la perfection cette ambivalence. Il devint l'un des personnages masculins les plus forts de l'écran : le héros dépouillé des attitudes et des valeurs dépassées du « bon », qui ne cadraient plus avec les mœurs du temps. Solitaire et romantique, il jouait son propre personnage et dissimulait ses émotions derrière une façade cynique. Dans *High Sierra* et dans *le Faucon maltais*, il jouait les durs qui se rachetaient grâce à un code moral strict, dont on peut voir l'influence jusqu'à Clint Eastwood et Nick Nolte. Comme ses prédécesseurs Clark Gable, Cary Grant et Gary Cooper, il était aimé des hommes autant que des femmes ; mais il différait d'eux par une séduction qui ne devait rien à une beauté traditionnelle. Cela marqua un changement fondamental dans le type d'hommes qui pouvaient être crédibles, donc à qui l'on confierait la vedette.

À des milliers de kilomètres, Jean Gabin, la plus grande star du cinéma français de l'époque, créait un personnage très semblable. Quant au public anglais, on l'abreuvait de futiles comédies d'après-guerre, situées dans le grand monde, où le valet amoureux de Madame était toujours l'héritier déguisé d'un duc, et où les débutantes dansaient jusqu'à l'aube sans jamais se déshabiller. Leurs partenaires masculins étaient d'un genre bien différent, avec leur charme et leur flegme britanniques. Pourtant, même dans leur cas, il y avait des indices qui montraient que peut-être tout n'était pas, en profondeur, conforme à l'apparence.

ERROL FLYNN

Il arrive de Tasmanie, il est jeune, il est beau, il est fou. Il brûle déjà la chandelle par les deux bouts. Londres et les théâtres du West End l'ont à peine accueilli qu'il signe un contrat avec la Warner et s'envole pour Hollywood. Nous sommes en 1935, il a vingt-cinq ans. Robert Donat a refusé le rôle du *Captain Blood (Capitaine Blood)* et c'est tant mieux. Jack Warner sait qu'il « tient » le personnage avec Flynn. De fait, c'est un nouveau Douglas Fairbanks Sr. qui crève l'écran, fait rêver les hommes et se pâmer les femmes. Le film, réalisé par Michael Curtiz, est un triomphe dès sa sortie. Olivia De Havilland se révèle tout aussi parfaite dans le rôle de princesse à sauver. Aussi Jack Warner les réunira-t-il dans quatre autres films

PAGE DE GAUCHE Errol Flynn, vers 1939

CI-CONTRE *Les Aventures de Robin des bois*, 1938, avec Olivia de Havilland
CI-DESSOUS Errol Flynn, vers 1935

d'aventures que le public appréciera tout autant. Il s'agit de *The Charge of the Light Brigade (la Charge de la Brigade légère, 1936)* et de *The Adventures of Robin Hood (les Aventures de Robin des bois, 1938)* et *Dodge City (les Conquérants)*, également tournés par Curtiz, ainsi que de *They Died With Their Boots On* (*la Charge fantastique*, 1941), de Raoul Walsh. Dans ce film qui relate le massacre du 7e régiment de cavalerie par les Sioux à Little Big Horn, Flynn arrive à faire de cette ganache stupide qu'était le général Custer un véritable héros.

Walsh deviendra l'un de ses réalisateurs préférés, ainsi qu'un compagnon de beuverie fidèle, ce qui marche ensemble. Le réalisateur raconte : « Chaque fois que nous allions quelque part, j'étais sûr de passer une soirée mouvementée. »

Mais qu'importe. Il est l'enfant chéri de Hollywood, et la presse transforme toutes ses frasques en exploits jusqu'à ce jour maudit de 1942 où l'Amérique puritaine l'accuse d'avoir séduit deux mineures. Du procès, il sortira acquitté, mais non blanchi. Dès lors, même s'il reste égal à lui-même, il ne retrouvera jamais son immense popularité.

En 1945, Walsh le dirige dans un film de guerre dur et étonnamment réaliste pour l'époque, *Objective Burma !(Aventures en Birmanie)*. Quand, peu après, il rompt avec la Warner, c'est pour investir la quasi-totalité de sa fortune dans une production italienne inspirée de la vie de Guillaume Tell. Ce sera un échec cuisant : le film restera inachevé. Malade, délaissé, il fera un simulacre de come-back en 1958 en incarnant John Barrymore dans *Too Much Too Soon (Une femme marquée)* aux côtés de Dorothy Malone. C'est admirablement dirigé par John Huston qu'il personnifiera le héros de Romain Gary dans *The Roots of Heaven (les Racines du Ciel)*. Ce sera son chant du cygne. En effet, il mourra l'année suivante, ravagé par l'alcool et par la drogue.

EN HAUT *Les Conquérants*, 1939, avec Olivia De Havilland
CI-CONTRE *Against all Flags*, 1946, avec Maureen O'Hara

ALAN LADD

Lorsque la crise de 1929 éclate, Alan Ladd a seize ans. Il ne mesure qu'un mètre soixante-cinq, mais il est bien balancé et doté d'une tête d'archange. Aussi s'inscrit-il dans une agence de comédiens. Celle-ci est dirigée par une ex-actrice, Sue Carol, qui n'est pas insensible à ses charmes. Il l'épouse. Elle se bat pour lui et lui obtient le rôle principal du prochain film de Frank Tuttle, *This Gun for Hire* (*Tueur à gages*, 1942), dont le thème est inspiré d'une nouvelle de Graham Greene. On lui donne une partenaire à son échelle, Veronica Lake. Il devient star du jour au lendemain. Les responsables de la Paramount, désireux de renouveler l'exploit, s'empressent de les faire jouer ensemble dans deux autres films du même filon, *The Glass Key (la Clé de verre)* et *The Blue Dahlia (le Dahlia bleu)*. Celui-ci filmé par George Marshall, inspiré d'un roman de Raymond Chandler, permet à l'acteur de sortir de son registre de tueur taciturne au sourire mystérieux. Cette fois, il est un jeune démobilisé qui apprend la mauvaise conduite de sa femme durant son absence. On lui confie alors des rôles de ce type, notamment dans *The Great Gatsby (le Prix du silence)*, d'Elliot Nugent, en 1949. Puis il aborde le western, genre qui réclame une virilité plus « immédiate » que le thriller, mais réussit à s'y immortaliser grâce à sa création du personnage de *Shane* (*l'Homme des vallées perdues*, 1953). Le talent du réalisateur George Stevens n'y est certes pas étranger.

Stevens lui proposera le rôle principal de *Giant (Géant)* sans succès et devra donc se « contenter » de James Dean. Ladd préférera retrouver le réalisateur de ses débuts, Frank Tuttle, pour *Hell on Frisco Bay* (*la Colère noire,* 1955), film de gangsters tourné en compagnie d'Edward G. Robinson et de Joanne Dru.

C'est Edward Dmytryk qui le dirigera dans son dernier film, *The Carpetbaggers* (*les Ambitieux*, 1964), aux côtés de George Peppard et de Carroll Baker.

À DROITE Alan Ladd, portrait pour la publicité de *Tueur à gages*, 1942, avec Veronica Lake

JOSEPH COTTEN

À la fin des années trente, cet ancien critique de théâtre s'essaie lui-même sur scène au sein du Mercury Theatre, la troupe d'Orson Welles, dont il devient l'ami et le complice. Leur similitude de points de vues explique le fait que Welles le prenne pour jouer à ses côtés dans son premier film produit par la RKO en 1941, *Citizen Kane*.

En 1942, Cotten et Welles récidivent avec *The Magnificent Ambersons (la Splendeur des Amberson)*. La même année, dirigés par Norman Foster, ils jouent à nouveau ensemble dans *Journey Into Fear (Voyage au pays de la peur)*, dont ils cosignent le script d'après un roman d'Eric Ambler. En 1943, Alfred Hitchcock métamorphose Cotten en meurtrier élégant de veuves argentées dans *Shadow of a Doubt (l'Ombre d'un doute)* où son cynisme fait merveille. Puis David Selznick l'engage pour être par trois fois le partenaire de Jennifer Jones, sa protégée. Ce sont *Love Letters* (*le Poids d'un mensonge*, 1944), *Duel in the Sun* (*Duel au soleil*, 1944), où il est le noble frère d'un Gregory Peck mauvais garçon, et *Portrait of Jennie* (*le Portrait de Jenny*, 1948), de William Dieterle. Les effets spéciaux de ce film seront récompensés par un oscar. Cotten, lui, recevra un prix d'interprétation au festival de Vienne.

En 1949, il tourne dans ses deux plus grands films : *Under Capricorn (les Amants du Capricorne)*, d'Alfred Hitchcock, avec Ingrid Bergman, dont l'action se situe dans l'Australie du XIXe siècle, et *The Third Man (le Troisième Homme)*, de Carol Reed, où il est l'écrivain qui pourchasse Harry Lime – Orson Welles – dans la ville de Vienne dévastée par la guerre. Il sera par la suite le partenaire de Marilyn Monroe dans *Niagara* (1953). Notons que Celles lui rendra un dernier hommage en 1958 en le faisant jouer un alcoolique dans *Touch of Evil (la Soif du mal)* aux côtés de Charlton Heston et de Marlene Dietrich, mais son nom ne figurera pas au générique.

CI-CONTRE Joseph Cotten, portrait pour le studio, vers 1944, par John Miehle

PAUL HENREID

Il est né à Trieste en 1908, alors que cette ville était encore autrichienne. Son père est un riche banquier viennois. Il est élégant, distingué, il a présenté des pièces à Londres, il est apparu dans le *Goodbye, Mr. Chips* (1935), de Sam Wood, avec Robert Donat. C'est dire l'accueil que lui fait Hollywood à son arrivée en 1940. Il est tout de suite catalogué comme « Européen de bonne éducation », même s'il se fait naturaliser américain. En 1942, il joue avec Michèle Morgan dans un film sur la Résistance, *Joan of Paris*, de Robert Stevenson, est le partenaire de Bogart dans *Casablanca* et celui de Bette Davis dans *Now Voyager (Une femme change son destin)* qui fera pleurer dans les chaumières !

Irving Rapper lui offrira un autre mélodrame de la même veine avec Bette Davis en 1945, *Deception (Jalousie)*, dont le titre est tout un programme. Mais il saura changer de registre la même année en apparaissant teint en blond face à une Maureen O'Hara plus séduisante que jamais dans le premier film en Technicolor de la RKO, *Spanish Man (Pavillon noir)*, éclatant film de pirates signé Frank Borzage. Il montrera d'autres facettes de son talent en passant notamment à la réalisation, signant en 1964 l'intéressant *Dead Ringer (La mort frappe trois fois)* avec une Bette Davis en double exemplaire opposée à Karl Malden et à Peter Lawford.

CI-DESSUS *Une femme cherche son destin (Now Voyager)*, 1942, avec Bette Davis

HUMPHREY BOGART

« Comment un homme laid peut-il être aussi beau ? » s'interroge Marta Toren dans *Sirocco* (1951). Cette réplique est prononcée alors que l'acteur est au faîte de sa gloire. C'est donc sans risque. Petit, trapu, Bogart ne correspond guère aux canons de la beauté masculine établis par Hollywood quand il y débarque après un solide apprentissage de la scène à Broadway. Nous sommes au début du parlant, et la Warner le cantonne dans des rôles de dur, de gangster à la Edward G. Robinson. Bogart a un débit de parole inimitable (et combien imité depuis !) qui colle à la perfection aux personnages qu'on lui octroie ; on dirait qu'il mâche quelque chose en permanence, sans oublier ce léger zézaiement qui fait aujourd'hui le succès d'un Willem Dafoe. En 1935, la vedette de *The Petrified Forest (la Forêt pétrifiée)* insiste auprès d'Archie Mayo pour qu'on lui confie le rôle du gangster Duke Mantee. Plus tard, Bogart précisera que, dans ses trente-quatre premiers films, il a été abattu douze fois, électrocuté ou pendu huit fois, et qu'il a incarné un repris de justice neuf fois. Sans détailler davantage cette question de comptabilité, précisons que, dès 1940, Bogart obtiendra des rôles plus en rapport avec son talent, notamment grâce à Raoul Walsh. Il apparaîtra tout d'abord aux côtés de George Raft et d'Ida Lupino dans *They Drive by Night (Une femme dangereuse)*, l'histoire de deux frères camionneurs qui sont en lutte avec leurs escrocs de patrons. Puis ce sera *High Sierra*, toujours avec Ida Lupino, en 1941. La même année, il donnera un ton très personnel au célèbre détective créé par Dashiell Hammet, Sam Spade, dans le premier film réalisé par John Huston, *The Maltese Falcon (le Faucon maltais)*. Ce film consacre les noms de ceux qui ont participé à sa création, qu'il s'agisse de Huston et de Bogart, bien sûr, mais aussi de Mary Astor et de Peter Lorre. En 1942, Michael Curtiz lui confie son « second premier grand rôle » aux côtés

PAGE DE GAUCHE Humphrey Bogart, portrait pour le studio, vers 1939
EN HAUT *A Devil With Women*, 1930, avec Mona Maris
CI-CONTRE *High Sierra*, 1941, avec Ida Lupino

d'Ingrid Bergman (Peter Lorre étant également de la fête) dans *Casablanca*, qui deviendra dans les années soixante le film culte par excellence. Ses adorateurs, sans doute trop jeunes pour avoir vu le film à sa première sortie, en apprendront toutes les répliques par cœur. Pour mémoire, citons-en trois parmi les meilleures : « Je te regarde, ma belle », « Il nous restera toujours Paris » et « Les problèmes de trois personnes moyennes n'ont aucune place dans ce monde de fous. » Il est vrai que le monde entier est en guerre quand le film sort. Il est également vrai que le monde occidental sera, dans les années soixante, profondément marqué par la guerre froide. Ce qui explique la passion de la génération suivante pour ce film qui montre un héros cynique et désabusé, expatrié de surcroît, plongé par amour dans une situation dramatique et dangereuse.

En 1944, Bogart tombe réellement amoureux d'une nouvelle venue, Lauren Bacall. Il s'est déjà marié trois fois, mais le dur devient tendre devant cet ex-mannequin de vingt-cinq ans sa cadette. Howard Hawks les réunit dans *To Have and Have Not (le Port de l'angoisse)* tiré d'une nouvelle de Hemingway. La célèbre phrase de Bacall – « Si tu as besoin de moi, tu n'as qu'à siffler » – sera retenue par l'acteur qui lui offrira en cadeau de mariage l'année suivante un sifflet d'or en guise de pendentif. Le duo Bacall-Bogart fonctionne à merveille, tant à la ville qu'à la scène.

En 1946, ils renouvellent l'exploit avec *The Big Sleep (le Grand Sommeil)*, également dirigé par Hawks, lequel cédera la place à John Huston pour *Key Largo*, réalisé deux ans plus tard. Cette fois, Huston est en position de force vis-à-vis des studios. Comme à son habitude, il part tourner en extérieurs (en Floride donc) pour s'épargner les contrôles de la production, après avoir

EN HAUT *Casablanca*, 1942, avec Ingric Bergman
CI-CONTRE *Griffes jaunes*, 1942, avec Mary Astor

PAGE DE DROITE *Les Passagers de la nuit*, 1947, avec Lauren Bacall

lui-même adapté en compagnie de Richard Brooks la pièce de Maxwell Anderson. Les seconds rôles sont tenus par Edward G. Robinson (le gangster qui prend en otages tous les occupants de ce petit hôtel isolé par une tempête), Claire Trevor (la compagne alcoolique du gangster) et le grand Lionel Barrymore.

En 1948 également, Huston dirigera Bogart dans *The Treasure of the Sierra Madre (le Trésor de la sierra Madre).* Héros « hustonien » s'il en fût, Bogart devra à nouveau se débattre – tout comme dans *le Faucon maltais* – pour une fortune imaginaire. Pour Huston, seule la quête comptait, l'action primant le résultat obtenu, lequel est, la plupart du temps, dérisoire ou inexistant. Ensemble, Bogart et Huston se parodieront à ce sujet dans *Beat the Devil* (*Plus fort que le diable*, 1954), sombrant dans la dérision aux côtés de Robert Morley, de Gina Lollobrigida, de Peter Lorre et de Jennifer Jones, au grand dam de Selznick, qui sera sans doute le premier escroqué dans cette histoire invraisemblable concoctée de concert avec le scénariste Truman Capote. Mais auparavant, Huston aura opposé Bogart à Katharine Hepburn pour ce monument du cinéma qu'est *The African Queen* (*la Reine africaine*, 1951). Son interprétation d'un « commandant » de rafiot pourri en état d'ivresse permanente, aussi désopilante que chaleureuse, lui vaudra l'oscar en 1952.

En 1954, il recevra une nouvelle nomination pour un autre rôle d'officier de marine, cette fois beaucoup moins sympathique, celui du capitaine Queeg, le grand paranoïaque de *The Caine Mutiny (Ouragan sur le Caine).*

Six autres films suivront, malgré le cancer de l'œsophage qui le ronge. Sa carrière s'achèvera un an avant sa mort, en 1956, avec un film au titre prémonitoire, *The Harder They Fall (Plus dure sera la chute)*, de Mark Robson.

PAGE DE GAUCHE Humphrey Bogart, portrait pour le studio, 1946, par Bert Six

CI-CONTRE *En marge de l'enquête*, 1947, avec Lizabeth Scott

SPENCER TRACY

C'est John Ford qui le fait débuter en 1930 dans *Up the River*, puis il apparaît dans divers autres films de la Fox, comme *The Power and the Glory* (*la Puissance et la Gloire*, 1933), de Preston Sturges, qui remportent un succès certain. Toutefois, comme il ne semble pas assez soumis aux studios, les dirigeants de la Fox annulent son contrat en 1935. Ils s'en mordront les doigts par la suite. La MGM l'engage aussitôt. Fritz Lang le dirige dans *Fury* (*Furie*, 1936) avec Sylvia Sidney. La même année, son personnage de prêtre aux côtés de Clark Gable et de Jeanette MacDonald dans *San Francisco* lui vaut une nomination à l'oscar. On lui donnera la statuette tant convoitée l'année suivante pour *Captains Courageous (Capitaine courageux)* et l'année d'après pour *Boys Town (Des hommes sont nés)*. C'est en 1942 que débute sa fabuleuse association cinématographique avec Katharine Hepburn. George Stevens les dirige dans *Woman of the Year (la Femme de l'année)*, éclatante comédie où l'humour naît de leurs différences. Des liens étroits les uniront jusqu'à la fin de sa vie. Ils tourneront notamment ensemble *Adam's Rib* (*Madame porte la culotte*, 1949), film de George Cukor, dans lequel ils forment un couple d'avocats opposés par la même affaire. L'année suivante, son rôle de père bourru d'Elizabeth Taylor dans *Father of the Bride (le Père de la mariée)*, de Vincente Minnelli, lui vaudra sa quatrième nomination à l'oscar.

En 1955, sa prestation de manchot justicier dans *Bad Day at Black Rock (Un homme est passé)*, de John Sturges, lui vaudra encore une autre nomination.

En 1958, il sera une sixième fois nommé aux oscars pour *The Old Man and the Sea (le Vieil homme et la Mer)*, également réalisé par John Sturges, d'après le roman de Hemingway.

Neuf années et quelques films plus tard, il retrouvera Katharine Hepburn pour sa dernière apparition à l'écran dans *Guess Who's Coming to Dinner (Devine qui vient dîner)*, de Stanley Kramer. Mais sa dernière nomination à l'oscar se fera de façon posthume.

CI-DESSUS *La Femme de l'année*, 1942, avec Katharine Hepburn

PAGE DE DROITE Spencer Tracy, portrait pour la publicité, vers 1931

JEAN GABIN

Sa carrière s'étend sur un demi-siècle. Il a tourné dans quatre-vingt-dix-sept films dont soixante-dix « en vedette ». Ses débuts sont incertains. Il est issu du music-hall. Puis c'est l'avènement du parlant et il réalise que sa vraie vocation est le cinéma.

De 1930 au début de la guerre. Son premier film, *Chacun sa chance* (1930), n'est que gentillet. Puis il se hisse à la hauteur de Pierre Fresnais et d'Erich von Stroheim dans *la Grande Illusion*. Il est immortalisé avec Michèle Morgan dans *le Quai des brumes*, pour enfin s'arroger la première place d'interprète du « populaire » avec *Le jour se lève* et *la Bête humaine*.

La déclaration de guerre met un frein à sa carrière. À la Libération, c'est un nouveau Gabin qui va refaire surface. Ses cheveux ne sont plus blonds, mais blancs. Et l'acteur va développer un personnage autoritaire qui inspire le respect, lequel atteindra son apogée avec des films comme *Touchez pas au grisbi* (1953), de Jacques Becker, *la Traversée de Paris* (1956), de Claude Autant-Lara et *En cas de malheur* (1958), du même réalisateur. De la même veine sera son incarnation du commissaire Maigret, notamment dans *l'Affaire Saint-Fiacre* et *Maigret tend un piège*. Idem pour *le Baron de l'Écluse*. Gabin est devenu le premier acteur français.

La dernière partie de sa carrière sera prolifique, mais inégale, car il aura tendance à s'autocaricaturer. Cela dit, il nous reste tout de même ces monuments cinématographiques que sont le *Clan des Siciliens*, d'Henri Verneuil, *la Horse*, de Pierre Granier-Deferre, *l'Affaire Dominici*, de Claude-Bernard Aubert, et *le Chat* avec Simone Signoret qui nous fait oublier en 1971 des films de commande comme *le Tatoué*, de Denys de La Patellière, et son duo avec Louis de Funès (1968).

CI-DESSUS *La Bête humaine*, 1938, avec Simone Simon
PAGE DE DROITE Tyrone Power, portrait pour le studio, 1938, par Laszlo Willinger

TYRONE POWER

Petit-fils de l'illustre tragédien irlandais, fils de Tyrone Power Sr., grande vedette du muet, beau garçon, son destin semble tout tracé. Hélas ! son intelligence moyenne et les dons limités d'acteur qui en découlent vont le cantonner dans des rôles de cape et d'épée et autres personnages simples de westerns. Certes, il sera la plus grande vedette de la Fox durant toutes les années quarante, et Darryl Zanuck protégera sa poule aux œufs d'or durant toute cette période. Le producteur le fait débuter en faire-valoir de ses vedettes féminines, telles Loretta Young ou Alice Faye. Puis il lui fait profiter de l'impact du Technicolor puisqu'il est dirigé dès 1938 par Henry King dans *Jesse James (le Brigand bien-aimé).* Ce réalisateur le fera tourner « en vedette » dans dix autres productions de Zanuck, mais c'est Rouben Mamoulian qui en fera le premier une star avec *The Mark of Zorro* (*le Signe de Zorro*, 1940). Son duel final avec le « méchant » Basil Rathbone appartient à l'anthologie du cinéma. Après la guerre, Power exprime ses velléités : « J'en ai assez de tous ces rôles de preux chevaliers en armure éblouissante. Je voudrais faire quelque chose de sérieux, dans des films qui aient quelque chose à dire. »

Il s'essaie donc au drame psychologique, avec un succès relatif. Non qu'il soit mauvais, mais parce que le public se refuse à le voir changer. Ce sont tour à tour *The Razor's Edge* (*le Fil du rasoir*, 1946), d'Edmund Goulding, où, face à Gene Tierney, il incarne un héros maughamien que n'aurait pas désavoué l'auteur, et *Nightmare Alley* (*le Charlatan*, 1947), du même réalisateur, avec Joan Blondell. Il retourne à ses héros simplistes par la force des choses. Au début des années cinquante, ceux-ci vont également lui échapper, car il n'a plus vraiment l'âge d'un jeune premier. Il s'orientera vers le théâtre. En 1958, Billy Wilder lui confiera son dernier rôle intéressant aux côtés de Marlene

EN HAUT *Arènes sanglantes*, 1941, avec Rita Hayworth
EN BAS *Ladies in Love*, 1936, avec Loretta Young

Dietrich et de Charles Laughton dans *Witness for the Prosecution (Témoin à charge)*. Il mourra en Espagne la même année. Il avait eu une crise cardiaque alors qu'il se battait en duel avec George Sanders sur le plateau de *Solomon and Sheba (Salomon et la Reine de Saba)*. À la fin du tournage de ce film, il succombera à une seconde attaque et sera remplacé par Yul Brynner. King Vidor retournera avec ce dernier les scènes de Power.

CI-DESSUS *Le Cygne noir*, 1942

DANA ANDREWS

Il sait avoir l'air faux, même quand il est sincère. Ce talent sera d'emblée exploité dans son premier film, *The Ox-Bow Incident* (*l'Étrange Incident*, 1943). Le voici ensuite dirigé par Otto Preminger dans *Laura* (1944) aux côtés de Gene Tierney. Le film sera un grand succès, et Preminger dirigera Andrews dans trois autres films qui marqueront la fin des années quarante, du moins par la noirceur de leur thème, *Fallen Angel* (*Crime passionnel*, 1945), *Daisy Kenyon* (*Femme ou maîtresse*, 1947), avec Joan Crawford, et *Where the Sidewalk Ends* (*Mark Dixon, détective*, 1950), où il retrouvera Gene Tierney.

En 1956, deux films de Fritz Lang parachèveront sa carrière dans le film policier. Il s'agit de *While the City Sleeps (la Cinquième Victime)*, avec George Sanders, Ida Lupino et Vincent Price, et *Beyond a Reasonable Doubt (l'Invraisemblable Vérité)*.

CI-DESSUS Dana Andrews, portrait pour la publicité de *Prisonniers de Satan*, 1944

GLENN FORD

Il fera ses débuts en 1946 aux côtés de Rita Hayworth et sous la férule de Charles Vidor. Et *Gilda*, son premier film, fera de lui une star. La même année, Curtis Bernhardt l'opposera à un autre monstre sacré, Bette Davis, dans *A Stolen Life (la Voleuse)*. Puis il s'égarera dans quelques westerns avant de composer un personnage étonnant d'inspecteur de police assoiffé de vengeance contre les gangsters qui ont tué sa femme, dans *The Big Heat* (*Règlement de comptes*, 1953), de Fritz Lang, aux côtés de Lee Marvin, de Jocelyn Brando et de Gloria Grahame. Il sera tout aussi excellent dans *Blackboard Jungle (Graine de violence)*, de Richard Brooks.

Il dévoilera fugacement son réel talent pour la comédie avec *The Teahouse of the August Moon* (*la Petite Maison de thé*, 1956).

CI-DESSOUS *L'Affaire de Trinidad*, 1952, avec Rita Hayworth

JOHN GARFIELD

John Garfield naît à New York le 4 mars 1913. Sa mère meurt sept ans plus tard. Il se montre très tôt un enfant à problèmes. Son père démissionne et le confie à des parents. Délinquant juvénile, il est interné. Il ne sortira de cette maison de correction que grâce à l'appui d'un certain Angelo Patri qui, ayant repéré en lui un acteur né, le confiera à l'école d'art dramatique de Maria Ouspenskaya. Remarqué par Clifford Odets, alors directeur du Group Theatre, il se distingue dans une de ses pièces, intitulée *Awake and Sing*, et, en 1938, fait ses débuts dirigé par Michael Curtiz dans *Four Daughters (Rêves de jeunesse)*. L'année suivante, il est engagé par Busby Berkeley dans *They Made Me a Criminal (Je suis un criminel)*.

En 1940, Anatole Litvak le dirige dans *Castle on the Hudson*. En 1941, il retrouve Michael Curtiz pour *The Sea Wolf (le Vaisseau fantôme)*. Puis il est opposé à Spencer Tracy lui-même dans *Tortilla Flat* (1942), de Steinbeck, revu et corrigé par Victor Fleming. Il tourne après la guerre la version filmée de *The Postman Always Rings Twice* (*Le facteur sonne toujours deux fois*, 1946), de James L. Cai. L'année suivante, il est l'amant de Joan Crawford dans *Humoresque*, de Jean Negulesco, qui sera son dernier film pour la Warner. En 1947, un film sur la corruption dans le sport, réalisé par Robert Rossen, *Body and Soul (Sang et Or)*, lui vaut une nouvelle nomination à l'oscar.

Face à la commission d'enquête sur les activités anti-américaines, Garfield, trop entier, se refusera à dénoncer ses amis intellectuels de gauche et deviendra de ce fait une des victimes les plus tragiques de cette horrible chasse aux sorcières. Banni des studios, il mourra en 1952, alcoolique.

CI-DESSUS John Garfield, portrait pour la publicité des *Insurgés*, 1949

LES ANNÉES CINQUANTE

Les années cinquante furent pour le cinéma une période de crise et de renouvellement. La puissance des studios continuait à décliner ; leur système monopolistique était battu en brèche par les lois antitrusts qui leur enlevèrent le contrôle du produit fini. Mais ils gardaient, au mépris des réalités, des ambitions très élevées. La chasse aux sorcières de McCarthy contre les communistes se poursuivait, privant Hollywood de ses talents originaux et créateurs ainsi que de sa crédibilité. Parmi les personnalités inscrites sur la liste noire, certaines ne trouvèrent plus jamais de travail, tandis que d'autres s'exilaient en Europe où leur talent aida le cinéma à se renouveler.

L'effondrement du système des studios impliquait que toute la machine du vedettariat s'enrayait. Les années quarante avaient produit peu de stars masculines durables, et le bon sens interdisait à celles des années trente de prétendre encore faire battre les cœurs. La matière brute dont on fait les stars existait encore, mais il n'était plus nécessaire d'aller à Hollywood ; les gens de talent n'étaient ni assez dociles ni assez motivés pour permettre aux studios de les modeler et de les pomponner avant de les emballer de la manière la plus avantageuse. Et même quand le talent était là, Hollywood n'était plus équipé pour contrôler le moindre détail d'une vie publique et privée sous contrat.

Pendant ce temps, la télévision tenait le haut du pavé comme média populaire. Imaginez la panique sur la côte Ouest. Les producteurs, qui avaient déjà perdu les marchés européens à la suite de la Seconde Guerre mondiale, découvraient soudain que leur public, jusque-là leur prisonnier, restait à la maison pour regarder un feuilleton à la télévision. Le cinéma américain conclut que la réponse au petit écran noir et blanc était le grand écran et la couleur. La plupart des inventions techniques étaient en place depuis les années vingt, mais c'est à ce moment seulement qu'on vit en elles le remède aux maux d'une industrie qui battait de l'aile.

Les années cinquante virent donc se déployer une frénésie technologique – Cinérama, Cinémascope, Todd-Ao et 3-D – destinée à impressionner le public et à l'entraîner hors de chez lui. À l'évidence, ces innovations apportaient plus à un certain type de films qu'à d'autres : d'abord aux divertissements épiques, qu'ils soient historiques ou bibliques, ou encore aux westerns : depuis *la Tunique* et *Quo vadis ?* jusqu'à *Ben Hur* et *Spartacus*, en passant par *les Grands Espaces*. On produisit alors de merveilleuses comédies musicales, comme *Chantons sous la pluie*, l'une des plus belles que nous ait données Hollywood. Comme le disait un slogan de l'époque : « Aux grands écrans, de grands thèmes. » Cela se traduisit par le besoin d'une nouvelle espèce de stars masculines, qui puisse en premier lieu maîtriser tout cet espace cinématographique. Celui dont le physique était le plus imposant et les aptitudes les plus grandes fut Charlton Heston en Judah Ben-Hur, par exemple lorsqu'il lançait ses chevaux blancs en compétition contre les noirs de Massala dans cette folle course de chars. L'énergie et le magnétisme de Kirk Douglas irradiaient chacun de ses rôles, depuis Midge Kelly, le boxeur du *Champion*, qui succombe sous les coups plutôt que d'accepter la défaite, jusqu'à *Spartacus*, le gladiateur dont les yeux avaient le même éclat métallique que son arme. Burt Lancaster, qui n'avait pas encore révélé la profondeur de son talent d'acteur, évoluait entre les mâts du *Corsaire rouge* : « Il faut croire tout ce que vous voyez ! Non, seulement la moitié ! » Robert Mitchum était déjà beaucoup plus qu'un lourdaud. Sa carrière survécut à une affaire de drogue en 1948 – le public la prit pour une scène d'un film ; il mit à la mode l'antihéros et prépara la voie pour une génération de durs pleins d'esprit.

Entre-temps, les années cinquante voyaient la jeune génération disposer de plus en plus d'argent, se donner ses héros et sa culture propres – le rock and roll. Au lieu de rabâcher le grand style d'autrefois, les studios durent ouvrir les yeux et tenir compte de ce qu'ils voyaient. Cela commença par la violence brute de *Rock Around the Clock*, puis cela devint le domaine des idoles adolescentes, des blonds insipides, des surfeurs musclés et des « pin-up boys » comme Tab Hunter, Troy Donahue et Frankie Avalon, qui attiraient les jeunes dans les *drive-in,* cinémas en plein air où ils passaient le plus clair de leur temps à flirter sur la banquette arrière, tout en gardant un œil sur l'écran, pour le cas où leur maman leur poserait des questions à leur retour à la maison. La musique était partout présente.

Si l'on se préoccupe de l'arrivée d'une nouvelle espèce de star masculine, le phénomène le plus important est de loin l'apparition d'un nouveau type d'acteur. Marlon Brando, Montgomery Clift et James Dean, et plus tard Paul Newman et Steve McQueen, avaient tous étudié à l'Actor's Studio de Lee Strasberg à New York, l'école de la méthode et du naturalisme. Ils firent leurs débuts au théâtre, à une époque où celui-ci connaissait une renaissance due à des idées et à des talents neufs – par exemple l'œuvre de Tennessee Williams – et ils transposèrent à l'écran leurs personnages d'ouvriers. Ils apportaient un style nouveau : ils marmonnaient des mots incompréhensibles, ils préparaient soigneusement leur interprétation et s'essayaient à diverses techniques de jeu. Et, plus important encore, ils jouaient leurs personnages comme des hommes qui avaient des problèmes affectifs et connaissaient des échecs, plutôt que comme des héros positifs et transparents : songez à Marlon Brando avec son tee-shirt trempé de sueur, violant Vivien Leigh dans *Un tramway nommé Désir* ; à James Dean conduisant une voiture volée jusqu'au bord du précipice dans *la Fureur de vivre* ; ou à Montgomery Clift, tourmenté mais prêt à tuer son amie pour Elizabeth Taylor dans *Une place au soleil.* Telles étaient les stars masculines qui, enfin, exposaient au plein jour les réalités évidentes de la vie quotidienne.

BURT LANCASTER

Burt Lancaster n'a qu'une expérience d'acrobate de cirque quand Robert Siodmark le dirige aux côtés d'une autre débutante, Ava Gardner, dans *The Killers* (*les Tueurs*, 1946). Hellinger mise sur d'autres facteurs. Le script est tiré d'une nouvelle de Hemingway, il est signé par Anthony Veiller et John Huston. Le producteur Hellinger se félicitera de son choix hasardeux dès la sortie du film, car ce sera un triomphe. Lancaster apparaît ensuite dans une série de sombres mélodrames qui se veulent de la même veine.

Les années cinquante lui permettent, avec le Technicolor, de mettre en valeur ce qui fait son charme : sa haute silhouette, son terrifiant sourire à grandes dents, mais aussi sa décontraction, qui en font le héros idéal de *The Crimson Pirate* (*le Corsaire rouge*, 1952) ou de *His Majesty O'Keefe* (*le Roi des îles*, 1953). Il passe du film d'aventures au western avec une égale aisance, grâce à deux films de Robert Aldrich, *Bronco Apache* (1953) et *Vera Cruz* (1954) où il donne la réplique à Gary Cooper. En 1953 également, Fred Zinneman lui donne le premier rôle masculin face à Deborah Kerr dans *From Here to Eternity (Tant qu'il y aura des hommes)* qui remportera le succès triomphal que l'on sait. En 1957, John Sturges crée le mélange détonnant Lancaster-Douglas pour un somptueux western « historique » *(la Vie de Wyatt Earp), Gunfight at the O.K. Corral (Règlements de comptes à O.K. Corral)*. La même année, il incarnera un de ses rares personnages antipathiques, l'éditorialiste mégalomane de *Sweet Smel of Success (le Grand Chantage)*, d'Alexander Mackendick, avec Tony Curtis. En 1960, son interprétation d'*Elmer Gantry (Elmer Gantry, le charlatan)* lui vaudra un oscar. Il sera émouvant de sobriété dans *Birdman of Alcatraz* (*le Prisonnier d'Alcatraz*, 1962), annonçant la performance qu'il va accomplir, dirigé par Luchino Visconti, dans *Il Gattopardo (le Guépard)* l'année suivante.

En 1974, il retrouvera Visconti pour *Gruppo di Famiglia in uno Interno (Violence et Passion)*. En 1981, *Atlantic City*, de Louis Malle, avec Susan Sarandon et Michel Piccoli, lui vaudra un nouvel oscar.

PAGE DE GAUCHE Burt Lancaster, portrait pour la publicité des *Tueurs*, 1946
CI-DESSUS *Pour toi j'ai tué (Criss Cross)*, 1948, avec Yvonne de Carlo

KIRK DOUGLAS

Il commence une carrière théâtrale qui s'annonçait brillante quand survient la guerre, qu'il fait dans l'US Navy. Remarqué plus tard dans un show de Broadway par Hal Wallis, il est engagé à Hollywood où, en 1946, il débute dans *The Strange Love of Martha Ivers (l'Emprise du crime)*, de Lewis Milestone, avec Barbara Stanwyck dans le rôle-titre. Dès *The Champion* (*le Champion*, 1949), de Mark Robson, il va développer à l'écran sa véritable personnalité, celle d'un homme égocentrique, volontaire, inflexible, mais sachant aussi user de ses charmes pour accomplir son destin. Il s'efforcera d'ailleurs de coproduire les films qu'il interprète à chaque fois qu'il le pourra et ce dans l'objectif d'imposer sa propre vision des choses. Lui-même l'avouera dans son autobiographie. C'est en 1955 qu'il fondera les deux sociétés de production chargées de garantir son indépendance, la Bruna et Joel Productions. Si notre enfance fut bercée par ses exploits dans *20,000 Leagues Under the Sea (Vingt Mille Lieues sous les mers)* et *The Vikings (les Vikings)*, de Richard Fleischer, ou *Spartacus*, de Stanley Kubrick, n'oublions pas ses films plus engagés comme *Paths of Glory* (*les Sentiers de la gloire*, 1957), de Stanley Kubrick, longtemps interdit en France, *Lonely Are the Brave* (*Seuls sont les indomptés*, 1961), de David Miller, ou *Seven Days in May* (*Sept Jours en mai*, 1963), de John Frankenheimer, qui met en scène un coup d'État militaire dirigé contre le gouvernement des États-Unis.

C'est maintenant un vieux monsieur, comme il nous le rappelle dans *Eddie Macon's Run* (*Un flic aux trousses*, 1981), de Jeff Kanew, après avoir effectué quelques tonneaux en voiture alors qu'il poursuivait un évadé : « Je deviens trop vieux pour ce genre de boulot », dit-il en souriant, sa célèbre fossette en avant. Mais on n'y croit pas, et lui non plus !

PAGE DE GAUCHE Kirk Douglas, portrait pour le studio, 1946, par A.L. « *Whitey* » Schaefer
EN HAUT Kirk Douglas, portrait pour la publicité de *La Captive aux yeux clairs*, 1952
CI-CONTRE *Les Ensorcelés*, 1952, avec Lana Turner

GREGORY PECK

En 1941, sur une note de service du producteur David O. Selznick, le destin de l'acteur débutant semble scellé : « J'en suis navré, mais je vois mal ce qu'on pourra faire de lui. Il est aussi photogénique que Lincoln et s'il a une forte personnalité, à mon avis, ça ne saute pas aux yeux. »

De fait, Peck préfère être tenu pour une incarnation des valeurs humaines que pour un symbole sexuel. En 1945, il deviendra une des plus grandes stars de Selznick. Mais ce sera après un passage à la RKO pour *Days of Glory*, de Jacques Tourneur et la réalisation de *The Keys of the Kingdom (les Clés du paradis)*, par John Stahl, Selznick ayant vendu ce dernier film « clés en main » à la Fox pour éviter toute mauvaise surprise ! Rassuré, Selznick confie Peck à Hitchcock pour *Spellbound* (*la Maison du Dr Edwards*, 1945), puis à King Vidor (qui sera d'ailleurs remplacé par William Dieterle) pour une sorte de nouvel *Autant en emporte le vent*, le colossal *Duel in the Sun (Duel au soleil)*. Selznick est aussi le scénariste de cette saga pour laquelle il a réuni Joseph Cotten, Lionel Barrymore, Lillian Gish, Walter Huston et, bien sûr, sa chère « protégée », la charmante Jennifer Jones.

Au cours d'une carrière qui s'étend sur plus de trente ans, Peck apportera une présence de poids à des films de tous genres. Il sera la plupart du temps un héros « pur et dur », comme dans le *Moby Dick* (1956), de John Huston, qui manquera de le noyer dans la scène finale où le capitaine Achab se retrouve attaché à son Léviathan. Parmi ses dernières prestations, on compte notamment *The Boys from Brazil* (*Ces garçons qui venaient du Brésil*, 1978) où, en généticien nazi, il a su changer totalement d'emploi.

C'est un rôle dramatique qui, en 1962, lui fera remporter l'unique oscar de sa longue carrière : celui de l'avocat libéral venu défendre un prevenu noir dans une petite bour-

PAGE DE GAUCHE Gregory Peck, portrait pour le studio, 1945, par Ernest Bachrach

EN HAUT *La Maison du Dr Edwards*, 1945, avec Ingrid Bergman
CI-CONTRE *Duel au soleil*, 1946, avec Jennifer Jones

gade du Sud où la croix enflammée du Ku Klux Klan brûle souvent la nuit. Dans ce film de Robert Mulligan, *To Kill a Mockingbird (Du silence et des ombres)*, il est entouré d'inconnus, dont Robert Duvall qui fait ici ses débuts à l'écran. L'année précédente, il avait contribué à l'élaboration d'un des plus grands succès du box-office en compagnie de David Nive, d'Anthony Quinn, de Stanley Baker et d'Irene Papas, *The Guns of Navarone (les Canons de Navarone)*, de Jack Lee Thompson.

CI-CONTRE Gregory Peck, portrait pour la publicité de *The Great Sinner*, 1949
CI-DESSOUS *Vacances romaines*, 1953, avec Audrey Hepburn

RICHARD BURTON

Né dans une famille de mineurs gallois qui compte treize enfants, il débute sur scène en amateur à l'âge de dix ans. De son vrai nom Richard Walter Jenkins, il prendra le pseudonyme de Burton en hommage à son professeur d'art dramatique, lequel deviendra son tuteur. Après des études à Oxford pendant lesquelles il joue tous les classiques, il part en tournée avec la troupe du Liverpool Theatre. Puis c'est la guerre. Il sert son pays dans la Royal Air Force.

En 1948, il joue dans un premier film, *The Last Days of Dolwyn,* d'Emlyn Williams. C'est une pièce reprise à Broadway qui lui vaudra un contrat de la Fox pour tourner aux côtés d'Olivia De Havilland dans *My Cousin Rachel (Ma cousine Rachel)*, de Henry Koster, en 1952. Parmi ses films les plus marquants, il faut citer *Look Back in Anger* (*les Corps sauvages*, 1959), de Tony Richardson, film réaliste britannique, *Bitter Victory (Amère Victoire)*, de Nicholas Ray, tourné deux ans plus tôt avec Curd Jurgens, son apparition remarquable en blessé dans *The Longest Day* (*le Jour le plus long*, 1962), *Cleopatra* (*Cléopâtre*, 1963), de Joseph L. Mankiewicz, *The Night of the Iguana* (*la Nuit de l'iguane*, 1963), de John Huston, parce qu'il y est éblouissant en pasteur défroqué aux côtés d'Ava Gardner et de Deborah Kerr, *Becket* (1964), de Peter Glenville, parce qu'il est admirable face à un Henry II joué par l'excellent Peter O'Toole, *The Spy Who Came in From the Cold* (*l'Espion qui venait du froid*, 1966), de Martin Ritt, rôle qui lui a valu un oscar, et ces deux principaux duos avec Elizabeth Taylor, *Who's Afraid of Virginia Woolf?* (*Qui a peur de Virginia Woolf?* 1966), de Mike Nichols, et *The Taming of the Shrew* (*la Mégère apprivoisée*, 1967), de Franco Zeffirelli.

S'il est également excellent dans le film de guerre *Where Eagles Dare* (*Quand les aigles attaquent*, 1968), de Brian G. Hutton, aux côtés de Clint Eastwood, il tournera quelques films alimentaires par la suite. Il nous quittera en 1984, après le tournage de *1984* d'après le roman de George Orwell.

CI-CONTRE Richard Burton, portrait pour le studio, vers 1959, par Bert Six

WILLIAM HOLDEN

Il débute en vedette dans *Golden Boy* (*l'Esclave aux mains d'or*, 1939), de Rouben Mamoulian. Face à Barbara Stanwyck, il montre deux qualités rares chez un garçon de vingt ans, l'autorité et la simplicité, qualités d'autant plus notoires que leur apparente contradiction est celle de son personnage dans le film, un violoniste forcé de devenir boxeur pour survivre.

Ses rôles suivants sont moins importants, mais tout aussi bien interprétés. Puis il est mobilisé pour quatre ans dans l'US Air Force. Son image se durcit ensuite avec des films comme *The Dark Past* (*la Fin d'un tueur*, 1949) où il est un meurtrier psychopathe et surtout *Sunset Boulevard* (*Boulevard du Crépuscule*, 1950) où il est un scénariste raté, le gigolo d'une star vieillissante (Gloria Swanson), la victime de ses erreurs fatales et, de ce fait, le narrateur du film de Billy Wilder nous racontant son histoire de l'au-delà !

Il retrouvera Billy Wilder pour *Sabrina* en 1955 ; aux côtés de Humphrey Bogart et d'Audrey Hepburn, il nous fera découvrir ses grands talents de comique. En 1957, il tournera « en participation » *The Bridge on the River Kwai (le Pont de la rivière Kwaï)*, ce qui lui permettra de devenir milliardaire dès la sortie du film ! Citons encore trois films d'importance majeure dans sa carrière : *The Wild Bunch* (*la Horde sauvage*, 1969), de Sam Peckinpah, où il incarne un vieux bandit à cheval dans l'Ouest de 1913 qui s'est « civilisé » en se mécanisant, *Breezy* (1973), de Clint Eastwood, où une jeune hippie lui enseigne à sa façon le droit à la différence, et bien sûr *Network (Main basse sur la TV)* où il rivalise de talent avec Peter Finch et Faye Dunaway.

PAGE DE GAUCHE William Holden, portrait pour la publicité de *Cran d'arrêt*, 1952

EN HAUT *Picnic*, 1955, avec Kim Novak
CI-CONTRE *La Clé*, 1958, avec Sophia Loren

ROBERT MITCHUM

Au début des années quarante, Mitchum débute comme figurant. Puis on lui confie de petits rôles. En 1943, il ne fait pas moins de seize apparitions dans différents films. On sait que, pour au moins deux d'entre eux – *Corvette K-225* et *Gung Ho !* –, c'est la même séquence qui a été utilisée. En 1944, un contrat le lie à la RKO. Dès l'année suivante, il a un rôle important dans *The Story of G.I. Joe (les Forçats de la gloire)*, ce qui lui vaudra sa première (et dernière !) nomination à l'oscar.

Dans *When Strangers Marry* (1944), de William Castle, il a son premier rôle de « méchant » face à Kim Hunter qui réalise lentement qu'elle a épousé un assassin. Et ce personnage ébauche celui du pasteur fou de *The Night of the Hunter* (*la Nuit du chasseur*, 1955), l'opus de Charles Laughton. Malheureusement, devenu une star, Mitchum se verra plutôt proposer des rôles de « héros contre son gré », souvent confronté à des femmes imprévisibles, sinon déloyales. On pense à Jane Greer dans *The Big Steal* (*Ça commence à Vera Cruz*, 1949), à Jane Russel dans *His Kind of Woman* (*Fini de rire*, 1951) ou à Jean Simmons dans *Angel Face* (*Un si doux visage*, 1953) ; dans ce film, elle le tue, puis se donne la mort. Ce superbe thriller d'Otto Preminger sera le dernier film noir produit par la RKO.

Parmi ses derniers films les plus importants, citons *The Yakuza*, de Sidney Pollack (1974), *Farewell My Lovely* (*Adieu, ma jolie*, 1975), de Dick Richards, et *The Last Tycoon* (*le Dernier Nabab*, 1977), d'Elia Kazan aux côtés d'une pléiade d'acteurs célèbres comme Jack Nicholson, Donald Pleasence, Jeanne Moreau, Ray Milland, Tony Curtis, Robert De Niro, Peter Strauss, John Carradine et d'une débutante bien séduisante, Theresa Russell.

EN HAUT *Macao, le paradis des mauvais garçons*, 1952, avec Jane Russell
CI-CONTRE *La Griffe du passé* (ou *Pendez-moi haut et court*), 1947, avec Virginia Huston

PAGE DE DROITE Robert Mitchum, portrait pour la publicité de *Where Danger Lives*, 1950

MONTGOMERY CLIFT

Entré dans le circuit des théâtres d'amateurs dès sa quinzième année, il n'est même pas majeur qu'il tient déjà des premiers rôles sur scène à Broadway. Elia Kazan l'encourage et le fait entrer à l'Actors Studio de New York. Hollywood l'engage à vingt-six ans pour être le fils adoptif de John Wayne dans *Red River* (*la Rivière rouge*, 1948), de Howard Hawks. Le contraste entre les deux acteurs est impressionnant. Wayne, égal à lui-même, est fort, sûr de lui, alors que Clift nous donne sans parler toute « la tempête sous un crâne » qu'il est capable de générer. Deux ans avant Brando, Clift lance un nouveau style de jeu, une « nouvelle race de héros », dont les motivations sont souvent l'objet de malentendus.

PAGE DE GAUCHE Montgomery Clift, portrait pour le studio, vers 1949

CI-CONTRE *La Ville écartelée*, 1950, avec Cornell Borchers

CI-DESSOUS *La Rivière rouge*, 1948, avec Joanne Dru

En 1949, il est l'amoureux éconduit de *The Heiress (l'Héritière)*, de William Wyler, avec Olivia De Havilland. Il aura sensiblement le même personnage d'arriviste intense et angoissé dans *A Place in the Sun* (*Une place au soleil*, 1951), de George Stevens, aux côtés d'Elizabeth Taylor et de Shelley Winters.

En 1952, Hitchcock l'oppose à Anne Baxter dans *I Confess (la Loi du silence)*, tourné au Québec. Clift y est un prêtre accusé de meurtre à tort. Merveilleux rôle pour l'acteur introverti et taciturne qu'est Clift, « naturellement ». En effet, il s'avère tout aussi compliqué dans la vie. Il est d'un commerce difficile dans le travail, a la réputation de boire un peu trop, de se droguer, d'être instable, sinon dépressif. Fred Zinnemann exploitera cet aspect du personnage dans *From Here to Eternity* (*Tant qu'il y aura des hommes*, 1953) où la vie militaire le détruit au point qu'il commet un meurtre.

En 1957, il a un terrible accident de voiture. Il est défiguré. Sa carrière semble brisée. Il a réapparu au milieu de *Raintree Country (l'Arbre de vie)*, d'Edward Dmytryk, méconnaissable, boursouflé. Ses interprétations suivantes n'en deviendront que plus pathétiques, qu'il s'agisse du soldat israélite de *The Young Lions (le Bal des maudits)* avec Brando et Dean Martin, du psychiatre de *Suddenly Last Summer (Soudain l'été dernier)*, de Mankiewicz, ou de la victime stérilisée de *Judgment at Nuremberg (Jugement à Nuremberg)*, de Stanley Kramer.

John Huston l'associera à une autre grande insatisfaite, Marilyn Monroe, dans un film à l'atmosphère pesante parce que désespérée, *The Misfits* (*les Désaxés*, 1961). Ce sera d'ailleurs le dernier film de la comédienne, et de leur partenaire, Clark Gable. Le rêve est fini. Clift nous quittera après un dernier tour de piste dans *l'Espion* (1966), de Raoul Levy.

CI-CONTRE *Station Terminus*, 1952, avec Jennifer Jones

PAGE DE DROITE Montgomery Clift, portrait pour la publicité d'*Une place au soleil*, 1951, avec Elizabeth Taylor

GENE KELLY

Il danse depuis l'enfance. Mais ce n'est qu'à trente ans qu'il fera ses débuts à l'écran pour Busby Berkeley dans *For Me and My Gal* (1942), aux côtés de Judy Garland, avec qui d'ailleurs il chante plus qu'il ne danse. Mais dès le film suivant, *Du Barry Was a Lady* (1943), de Roy del Ruth, il impose son talent premier. Danseur moins éthéré et moins raffiné que Fred Astaire, mais plus athlétique et plus viril, il saura conquérir le public masculin par sa verve populaire et par sa drôlerie. Il sait admirablement faire le clown dansant. Dès 1950, il cosigne la mise en scène de ses films avec Stanley Donen. *On the Town (Un jour à New York)* est une sorte de chef-d'œuvre à plus d'un titre. Ce film avec Vera-Ellen, Frank Sinatra et Ann Miller, intimiste et onirique à la fois, respecte la règle des trois unités et est presque entièrement chanté et dansé. De même, la part de Kelly dans *Singing in the Rain* (*Chantons sous la pluie*, 1952), l'année suivante, est également prépondérante. Dans cette aimable satire des débuts du parlant, les numéros acrobatiques et/ou clownesques sont alternés avec des passages plus esthétiques, plus « académiques ». Mais c'est Kelly qui, par son talent et par son expressionnisme naïf, fournit la jonction et fait un tout de ces morceaux disparates. Il signe seul en 1956 *Invitation to the Dance (Invitation à la danse)* où, dans le dernier ballet, il rivalise de drôlerie et d'habileté avec des personnages de dessins animés. Certes, tout n'est pas aussi bien inspiré dans ce film. De même, Kelly se fourvoiera par la suite dans la mise en scène de comédies assez lourdes. Mais qu'on lui pardonne ces petites erreurs dues à sa trop grande gentillesse. Dès qu'il paraît à l'écran en virevoltant, le plus bourru des spectateurs se détendra toujours, car sa joie de vivre est communicative.

CI-CONTRE *La Reine de Broadway*, 1944, avec Rita Hayworth
PAGE DE DROITE Gene Kelly, portrait pour la publicité de *Chantons sous la pluie*, 1952

JAMES MASON

Quelque chose dans le regard faisait que James Mason ne pouvait que rarement se comporter totalement en gentleman. Il en avait pourtant l'apparence.

S'il débute au cinéma en 1935 dans son Angleterre natale, c'est un excellent rôle de méchant dans *The Man in Grey* (*l'Homme en gris*, 1946), de Leslie Artiss, qui lui apporte la célébrité. En 1948, Hollywood lui offre un contrat mirifique. Si certains des films qu'on lui propose le sont beaucoup moins, il saura pourtant tirer son épingle du jeu en gardant tout son prestige. Il restera inoubliable dans des rôles aussi divers que le navigateur maudit de *Pandora and the Flying Dutchman* (*Pandora*, 1950), le Brutus de *Julius Caesar* (*Jules César*, 1953), de Joseph Mankiewicz, où il est opposé à Marlon Brando et à John Gielgud, le capitaine Nemo de *Vingt Mille Lieues sous les mers* (1954) et le mari alcoolique de Judy Garland dans *A Star Is Born* (*Une étoile est née*, 1954), de George Cukor. Il fera un excellent Rommel dans deux films, *The Desert Fox* (*le Renard du désert*, 1951), de Henry Hathaway, et *The Desert Rats* (*les Rats du désert*, 1953), de Robert Wise, ce qui prouve en passant le manque total d'imagination de certains producteurs américains.

Hitchcock fera de lui un criminel international de haut vol dans *North by Northwest* (*la Mort aux trousses*, 1959). Mason est également extraordinaire en grand planteur mégalomane obsédé par sa succession dans *Mandingo* (1975), de Richard Fleischer.

CI-CONTRE James Mason, portrait pour le studio, 1950, par Ted Reed

STEWART GRANGER

Il est né en 1913. Son nom de baptême est James Stewart. Comme il a cinq ans de moins que l'acteur américain du même nom, il s'incline et prend un pseudonyme pour débuter au cinéma en 1939 dans *So This Is London*, de Thornton Freeland. Les dix premières années, le cinéma britannique le cantonne dans une série de rôles de protecteur de la veuve et de l'orphelin, exception faite d'un film de Marc Allégret, *Blanche Fury* (*Jusqu'à ce que mort s'ensuive*, 1947) où il apparaît en conquérant ambitieux. En 1950, Hollywood l'annexe et il continue sur sa lancée ; le profil viril, la poitrine velue et les dents éblouissantes, il écume les films à costumes, soutenant la comparaison avec Errol Flynn. Citons notamment *Scaramouche* (1951), de George Sidney, *The Prisoner of Zenda* (*le Prisonnier de Zenda*, 1952), de Richard Thorpe, et *Moonfleet* (*les Contrebandiers de Moonfleet*, 1955), de Fritz Lang. Il se fait naturaliser américain en 1956. Incarner *Beau Brummel* (1954) a été pour lui idéal, car il a la classe, la distinction et le doigté de ce courtisan célèbre. De fait, il est remarquable dans ce film de Curtiss Bernahardt aux côtés de Peter Ustinov, de Robert Morley et d'Elizabeth Taylor. C'est sans doute un de ses meilleurs rôles, si l'on sort un peu des films de cape et d'épée qui ont fait sa célébrité.

En 1967, *The Last Safari (le Dernier Safari)*, de Henry Hathaway, marque la fin de son époque hollywoodienne glorieuse. Il y incarne d'ailleurs un aventurier vieillissant et fatigué. En 1970, il se reconvertit à la télévision où il fera notamment un Sherlock Holmes très crédible dans *The Hound of the Baskervilles* (*le Chien des Baskerville*, 1972) aux côtés d'un autre héros épuisé, William Shatner, l'incontournable commandant de vaisseau spatial de *Star Trek*.

CI-CONTRE Stewart Granger, portrait pour la publicité de *Scaramouche*, 1952, avec Eleanor Parker

LOUIS JOURDAN

Jeune premier à la mode au début de l'Occupation, il prend le maquis avec ses frères lorsque son père est arrêté par la Gestapo. À la Libération, il est contacté par David O. Selznick. En 1947, il débute à Hollywood dans *The Paradine Case (le Procès Paradine)*, un des rares ratés de Hitchcock malgré la présence de Charles Laughton. Ce film ne le lance pas vraiment ! Nouvel essai l'année suivante aux côtés de Joan Fontaine, puis de Lilli Palmer, successivement dans *Letter From an Unknown Woman (Lettre d'une inconnue)* et dans *No Minor Vices*, de Lewis Milestone. Aucun de ces films ne défraiera la chronique, et il lui faudra attendre la sortie de *Bird of Paradise* (*l'Oiseau de paradis*, 1951), de Delmer Daves, produit par Zanuck avec Debra Paget, pour connaître un semblant de renommée. Dès lors, on lui octroie l'emploi traditionnel du beau garçon à l'indolence latine auprès de stars plus énergiques. Notons cependant ses prestations d'acteur dans *Three Coins in the Fountain* (*la Fontaine des amours*, 1954) et *The Swan* (*le Cygne*, 1956), où il forme également un très beau couple avec Grace Kelly.

L'âge critique arrive. Le jeune premier doit céder la place au vrai comédien. Il revient en France pour tourner dans *La mariée est trop belle* (1956), de Pierre Gaspard-Huit, avec Brigitte Bardot et Micheline Presle. Hollywood le reverra le temps de *Gigi* (1958), de Vincente Minnelli, et de *Leviathan* (1958), de Leonard Kiegel.

CI-CONTRE Louis Jourdan, portrait pour la publicité, vers 1948

GÉRARD PHILIPE

S'il débute en 1943 dans *les Petites du quai aux Fleurs*, de Marc Allégret, il s'affirme dès *l'Idiot* (1946), de Georges Lampin, et triomphe avec *le Diable au corps*, de Claude Autant-Lara l'année suivante. Il a alors vingt-cinq ans et incarne la poésie à l'état pur, une jeunesse auréolée d'enfance. Intense et léger à la fois, il est le James Dean de sa génération. Il va passer dans notre ciel à la vitesse d'une météorite. En 1950, il forme avec Michel Simon un duo drôle sur un sujet grave dans *la Beauté du diable*, de René Clair, réalisateur qu'il retrouve l'année suivante pour *Belles de nuit*, après avoir tourné le film qui l'a rendu immortel à nos yeux, *Fanfan la Tulipe*. En 1956, il se met lui-même en scène dans *Till l'Espiègle*, dont le rôle-titre n'est guère différent et ne peut nous faire oublier son personnage de Français déchu échoué dans un petit village d'Amérique du Sud, dans *les Orgueilleux*, d'Yves Allégret, aux côtés de Michèle Morgan. Tout au long de sa courte existence, il mènera parallèlement une carrière théâtrale exemplaire. Son nom sera largement associé aux réussites de Jean Vilar, alors directeur du T.N.P. En 1959, durant le tournage de *La fièvre monte à El Pao* aux côtés de Jean Servais et de Maria Felix sous la férule de Luis Buñuel, il tombera malade. Il nous quittera à trente-six ans.

CI-DESSUS *Le Diable au corps*, 1947

JAMES DEAN

« Vivre vite, mourir jeune et faire un beau cadavre ! » était la devise de ce jeune comédien qui fonçait à cent à l'heure sur sa moto, en T-shirt maculé de graisse, en jeans et en mocassins sans chaussettes, les cheveux au vent, à travers les hangars de la Warner. Sur la route de Salinas à Monterey, le 30 septembre 1955, il allait beaucoup plus vite au volant de sa nouvelle Porsche argentée. Il venait de terminer son troisième grand film, *Giant (Géants)*, de George Stevens. Il faisait beau, la vie était belle. Il a vu au loin, sur une petite route transversale, le station-wa-

PAGE DE GAUCHE James Dean, portrait, 1955, par Sanford Roth

CI-CONTRE James Dean, vers 1954
CI-DESSOUS *La Fureur de vivre*, 1955, avec Natalie Wood

gon d'un brave représentant. Il a dit : « Ce type va s'arrêter, j'espère. J'ai la priorité. » Et puis ça été le terrible choc et, dans l'instant, le néant. Le VRP était juste blessé légèrement à la tête, mais Dean avait eu le coup du lapin. Sa voiture n'était plus qu'un amas de ferraille, il était mort, mais il semblait dormir. Son visage était intact. Ironie du sort, peu de temps auparavant, il avait prêté sa voix pour un message diffusé à la radio par la Prévention routière qui disait : « N'oubliez pas que la vie que vous allez sauver peut être la mienne. »

Laissons le mythe à ses millions d'adorateurs dans le monde, aux multiples hagiographies qui furent et sont encore rédigées pour les satisfaire, d'Yves Salgues à Philippe Labro, pour ne parler que de la France, et à ses imitateurs, de Martin Sheen à Matt Dillon, et voyons quelle fut la courte carrière de James Byron Dean.

Il naît le 8 février 1931 à Marion, petite ville de l'Indiana, d'un père prothésiste dentaire et d'une mère férue de poésie (ce qui explique son second prénom, Byron). Quand cette dernière meurt, James n'a que huit ans, et son père le fait élever par une tante qui est fermière. À l'école de Fairmount, James se distingue par ses qualités sportives. S'il s'intéresse à l'art et à la littérature, au yoga, à la clarinette et au banjo, il déambule en jeans et en blouson dans une petite communauté qui penche plutôt vers le conservatisme. Dès la fin de son cycle secondaire, il s'enfuit vers des cieux plus propices à ses excentricités. En Californie, il se joint à une petite troupe de théâtre, tourne dans quelques films publicitaires pour la télévision, puis, en 1951, obtient un premier petit rôle dans *Sailor Beware (la Polka des marins)*, une comédie de Hal Walker avec le tandem Jerry Lewis-Dean Martin. Peu après, Samuel Fuller l'engage pour être l'un des soldats de son peloton égaré en pleine guerre de Corée dans *Fixed Bayonets* (*Baïonnette au canon*, 1951), aux côtés de Richard Basehart et de

CI-CONTRE *À l'Est d'Eden*, 1955

PAGE DE DROITE James Dean, portrait pour la publicité de *Géant*, 1956

CI-DESSUS *Géant*, 1956, avec Elizabeth Taylor

Gene Evans. L'année suivante, Douglas Sirk se contente de le faire entrer dans une pharmacie pour demander une glace dans *Has Anybody Seen my Gal ?* (*Qui donc a vu ma belle ?* 1952).

James Dean tente alors sa chance à New York. Quelques incursions dans des dramatiques télévisées lui permettent de survivre. Il suit les cours de l'Actors Studio et présente à Broadway une pièce intitulée *See the Jaguar* durant six représentations. Le metteur en scène Billy Rose l'y remarque et lui confie un rôle dans *l'Immoraliste*, d'André Gide. Puis, enfin, Elia Kazan lui donne sa vraie première chance au cinéma dans *East of Eden* (*À l'est d'Eden*, 1955). La difficile relation père-fils sera aussi au centre du sujet de son film suivant, *Rebel Without a Cause* (*la Fureur de vivre*, 1955), de Nicholas Ray. Dans son dernier rôle, il sera à nouveau un jeune révolté, du moins au début du film. Devenu un nabab grâce au pétrole, il apparaît ensuite en quinquagénaire nouveau riche et insupportable (semblable à ces pères qu'il rejetait dans ses deux films précédents). Il tient alors un discours d'éthylique à une salle qui se vide peu à peu, et ce numéro d'acteur est un morceau de bravoure qui laisse présager ce qu'il aurait pu devenir. Seulement, ce 30 septembre 1955, il y avait un VRP au volant de son véhicule qui ne respectait pas les priorités.

ROCK HUDSON

Il n'a jamais joué lorsqu'il débute à vingt-trois ans dans *Fighter Squadron* (*les Géants du ciel*, 1948), de Raoul Walsh. Il va faire son apprentissage d'acteur en tenant de multiples petits rôles dans chaque film produit par Universal de 1948 à 1952, année où il partage l'affiche de *Scarlet Angel (Une fille à bagarres)* avec Yvonne De Carlo. Puis il retrouve Raoul Walsh qui, en 1953, en fait un acteur de premier plan avec *Sea Devils (la Belle Espionne)* et *Gun Fury (Bataille sans merci)* respectivement pour la RKO et pour la Columbia.

Douglas Sirk reprend le flambeau en 1954 avec deux films, l'un sur la « saga des Peaux-Rouges », *Taza Son of Cochise (Taza, fils de Cochise)* avec Jeff Chandler et Barbara Rush, et *Magnificent Obsession (le Secret magnifique)*, avec Jane Wyman. Ce réalisateur fera tourner à Hudson ses meilleurs films, comme le très beau *Written on the Wind* (*Écrit sur du vent*, 1954) avec Lauren Bacall et Dorothy Malone, ou *The Tarnished Angels* (*la Ronde de l'aube*, 1958), avec Robert Stack et toujours Dorothy Malone. Il sera tout aussi convaincant dans *Giant* (*Géant*, 1955), de Stevens, en éleveur de bétail refusant en bloc le progrès.

Physiquement alourdi dans les années soixante, il se lance dans la comédie. Howard Hawks aura l'idée de se servir de ses défauts comme autant de ressorts comiques dans *Man's Favorite Sport ?* (*le Sport favori de l'homme*, 1964), avec Paula Prentiss. Il est ensuite le partenaire attitré de Doris Day dans une série de comédies de charme qui commence en 1959 avec *Pillow Talk (Confidences sur l'oreiller)*. Suivront *Lover Come Back* (*Un pyjama pour deux*, 1962) et *Send Me No Flowers* (*Ne m'envoyez pas de fleurs*, 1964).

En 1968, pour redorer son blason de star, il retournera au film d'aventures avec *Ice Station Zebra (Destination : Zebra, station polaire)*, de John Sturges. Après quelques échecs commerciaux dans les années soixante-dix, il s'orientera vers la télévision.

CI-CONTRE Rock Hudson, portrait pour le studio, 1956

TONY CURTIS

Fils d'un tailleur juif, Bernard Schwartz grandit dans le Bronx. Engagé dans l'US Navy pendant le deuxième conflit mondial, il a l'occasion de s'initier à l'art dramatique. En 1946, il fait une courte apparition, de dos, dans *Gilda*, de Charles Vidor, avec Rita Hayworth. En 1948, dans *Criss Cross (Pour toi, j'ai tué)*, Robert Siodmark lui fait faire ses vrais débuts. Dès lors, il va tourner régulièrement, d'abord dans des westerns puis, en 1951, dans un film d'aventures « exotique » de Rudolph Mate, *The Prince Who Was a Thief (le Voleur de Tanger)*. La même année, son mariage avec Janet Leigh, alors jeune ingénue de l'écurie MGM, fait grand bruit. Ensemble, ils vont jouer dans deux films : *Houdini* (*Houdini, le grand magicien*, 1953) et *The Black Shield of Flaworth* (*le Chevalier du roi*, 1954). Dans ce dernier, Curtis a malheureusement un accent new-yorkais qui le rend peu crédible en héros médiéval. Il va se rattraper dans le rôle de l'agent de presse veule de *Sweet Smell of Success* (*le Grand Chantage*, 1957) face à Burt Lancaster, et l'année suivante, dans celui du prisonnier raciste en cavale enchaîné à Sydney Poitier dans *The Defiant Ones (la Chaîne)*, de Stanley Kramer. Son interprétation lui vaut une nomination à l'oscar. En 1959, il révèle son grand talent de comique aux côtés de Jack Lemmon et de Marilyn Monroe dans *Some Like It Hot (Certains l'aiment chaud)*, de Billy Wilder.

Il poursuivra dans la même veine au cours des années soixante, puis reviendra à un rôle dramatique en 1968 avec le rôle-titre de *The Boston Strangler (l'Étrangleur de Boston)*, de Richard Fleischer. Dès 1971, son duo avec Roger Moore dans la série télévisée *The Persuaders (Amicalement vôtre)* accroîtra considérablement sa célébrité. Il reviendra au grand écran en 1976 pour un rôle parodique dans *The Last Tycoon (le Dernier Nabab)*, d'Elia Kazan.

CI-CONTRE Tony Curtis, portrait pour la publicité de *Pièges de Broadway*, 1960

ELVIS PRESLEY

Si sa voix a permis la vente de plus de 600 millions de disques, ce ne sont pas ses talents de comédien qui lui ont permis de tourner dans trente-trois films ! C.Q.F.D. Toutefois, les premiers de ceux-ci montreront un « Elvis the Pelvis » encore rebelle et spontané. *Love Me Tender* (1956), *Jailhouse Rock* (1957), *King Creole* (1958), *G.I. Blues* (1960) et *Kid Galahad* (1962) méritent d'être vus, ne serait-ce que pour se faire une idée des mœurs d'une époque, même s'ils ont été « retitrés » en France d'une manière assez fantaisiste, respectivement *le Cavalier du crépuscule, le Rock du bagne, Bagarres au King Créole, Café Europa en uniforme* et *Un direct au cœur.*

Il est cependant un film où il déploie des velléités d'acteur. Il s'agit de *Flaming Star* (*les Rôdeurs de la plaine*, 1960), de Don Siegel. Le rôle principal de ce western avait été destiné initialement à Marlon Brando. Presley est excellent en métis d'Indien partagé quand ses « frères » partent sur le sentier de la guerre. Seulement, voilà, il n'y chante que durant les dix premières minutes. Ses fans seront déçus, et son manager, le « colonel » Parker, décidera de ne plus jamais tenter l'expérience.

CI-CONTRE Elvis Presley, portrait pour le studio, vers 1959, par Virgil Apger

TAB HUNTER

Beau gosse blond, typiquement américain, c'est sans aucune expérience de l'art dramatique que Joseph Losey doit le propulser au rang de star sur ordre de ses producteurs, dans *The Lawless* (*Haines*, 1950). Il n'est pas meilleur, mais plus dévêtu, dans le rôle du naufragé de *Island of Desire* (*l'Ile du désir*, 1952) aux côtés de Linda Darnell. Qu'importe, il plaît aux jeunes filles et on le propulse dans une suite de séries Z qui draine dans les salles la jeunesse innocente.

En 1958, *Damn Yankees*, comédie musicale de George Abbott et Stanley Donen faisant référence à l'histoire de Faust, sera son moment de gloire. Il tentera d'en profiter pour imposer son point de vue sur ses rôles à venir auprès des dirigeants de la Warner. Ceux-ci couperont court à toute palabre en le remplaçant aussitôt par un autre surfeur californien, Troy « Parrish » Donahue, lequel cédera à son tour la place à Frankie Avalon pour des films dont le thème principal sera « Comment engager un flirt avec la plus mignonne de la bande ».

Tab Hunter a récemment réapparu sur nos écrans dans deux films interprétés par le travesti « Divine », *Polyester* (1981) – un des rares films « odorifères » –, de Charles Walters, et *Lust in the Dust* (1985), de Paul Bartel.

CI-DESSUS *Le Cri de la victoire*, 1955, avec Mona Freeman

CI-CONTRE Marlon Brando, portrait pour le studio, 1950, par John Engstead

MARLON BRANDO

Marlon Brando est né le 3 avril 1924 à Omaha, dans le Nebraska. Il n'est pas à proprement parler un élève studieux. Il est indiscipliné, et ses renvois de différentes écoles sont fréquents. De guerre lasse, son père l'envoie à la Shattuck Military Academy de Faribault, dans le Minnesota. Il y restera trois mois !

Il se réfugie chez sa sœur Frances à New York. Son autre sœur, Jocelyn, est également à New York, où elle étudie l'art dramatique chez Stella Adler. Pour subvenir à ses besoins, son père lui ayant coupé les vivres, il fait un peu tous les métiers. Il est tour à tour vendeur, liftier, livreur, pour s'inscrire finalement aussi chez Stella Adler, qui lui prédit tout de suite un brillant avenir de comédien. Il tourne un peu avec la troupe du Piscator, mais en est rapidement renvoyé pour indiscipline. Il débutera véritablement sur scène dans la pièce *I Remember Mamma*, de John Van Druten, au Music Box Theatre, le 19 octobre 1944. Il est payé 57 dollars par semaine ! Harold Clureman, le mari de Stella Adler, monte avec Elia Kazan *Truckline Café*, de Maxwell Anderson. Brando est engagé. Le 27 février 1946, c'est la première au Belasco Theatre. Mais la pièce fait un flop. Puis il joue dans *Candida*, de Bernard Shaw, *A Flag Is Born*, de Ben Hecht, *l'Aigle à deux têtes*, de Jean Cocteau, avec Tallulah Bankhead qui ne supporte pas sa désinvolture et le fait renvoyer après la première représentation.

En 1948, Brando joue dans *Un tramway nommé Désir*, de Tennessee Williams, pièce qui en fait une star du jour au lendemain. La pièce tient l'affiche un an et demi, les propositions de tournage affluent, mais Marlon a un *a priori* contre Hollywood, et il faudra toute la psychologie de Stanley Kramer et le merveilleux scénario de Carl Foreman, *The Men (C'étaient des hommes)* pour qu'il accepte de tourner le film réalisé par Fred Zinnemann, en 1950. Il a vingt-six ans et son cachet est de 40 000 dollars. L'année suivante, il joue dans l'adaptation de *A Streetcar Named Desire (Un tramway nommé Désir)* en compagnie de Vivien Leigh et de Karl Malden. Le film est accueilli comme la

pièce l'avait été trois ans plus tôt. Elia Kazan vante son poulain comme étant le « meilleur acteur du monde ». Marlon a presque doublé son cachet pour ce second film puisqu'il recevra 75 000 dollars.

En 1952, Kazan le dirige dans *Viva Zapata*. L'acteur reçoit 100 000 dollars, mais c'est Gary Cooper qui reçoit l'oscar d'interprétation cette année-là.

Marlon déclare alors que le cinéma ne lui apportera rien de plus, part pour la France et se lie d'amitié avec Christian Marquand. En 1953, le producteur John Houseman décide de le faire tourner dans *Julius Caesar (Jules César)*, réalisé par Joseph Mankiewicz. Tous ses détracteurs le guettent au tournant. Marlon les décevra, car sa diction sera parfaite. La même année, Stanley Kramer propose à l'acteur le rôle de Johnny dans *The Wild One (l'Équipée sauvage)* qui sera réalisé par Laszlo Benedek. Ce *road-movie* sur une bande de motards qui terrorisent une petite ville isolée sera interdit en Angleterre jusqu'en 1968.

Brando est un adepte de la méthode de Stanilavski, prônée par les enseignants de l'Actors Studio (fondé par Elia Kazan en 1947) : l'acteur adapte sa propre personnalité au personnage qu'il doit jouer. Marlon est proclamé « acteur type de la méthode ». En 1954, il retrouve Kazan pour *On the Waterfront (Sur les quais)*. Sa partenaire, Eva Marie Saint, et lui-même reçoivent des oscars. Alors qu'il doit tourner dans une superproduction de la Fox, sa mère meurt et il tombe malade. Hollywood le met en disgrâce. Cependant il tourne bientôt *Désirée*, de Henry Koster, dans lequel il incarne un Napoléon qui fera l'unanimité de la critique. En 1955, son film suivant, *Guys and Dolls (Blanches Colombes et Vilains Messieurs)* ne sera pas un grand succès. Idem pour *The Teahouse of the August Moon* (*la Petite Maison de thé*, 1956) où il se transforme en petit Japonais rieur. En 1957, *Sayonara* lui rapporte 1 500 000 dollars, plus un pourcentage sur les recettes. L'acteur monte sa

CI-DESSUS *Un tramway nommé Désir*, 1951, avec Vivien Leigh

PAGE DE DROITE Marlon Brando, portrait pour le studio, vers 1949

maison de production, la Pennebaker (du nom de sa mère) Company et réalise le premier film de cette société, dans lequel il joue, bien sûr, en compagnie de Karl Malden : *One Eyed Jacks* (*la Vengeance aux deux visages*, 1961) un long western esthétiquement irréprochable. À la même époque, il se marie avec Anna Kashfi, une Écossaise qu'il prenait pour une Indienne ! Très vite, il divorcera, et la garde de leur enfant Christian deviendra un dilemme.

Si, dans les films suivants, Brando s'applique à sortir du personnage créé par sa puissante personnalité en multipliant les artifices avec soin, il ne retrouve pas le succès

CI-CONTRE *Sur les quais*, 1954, avec Eva Marie Saint

CI-DESSOUS *L'Équipée sauvage*, 1953, avec Mary Murphy

de ses deux premiers tournages. De plus, la « nouvelle vague » d'acteurs issue de 1968 rend la situation des « stars » inconfortable. Pourtant, en 1971, Francis Ford Coppola réussira, contre l'avis de ses producteurs, à rendre à Brando sa dimension internationale, en lui faisant jouer le rôle-titre de *The Godfather (le Parrain)*. Une jeune Indienne viendra refuser l'oscar de Brando en son nom et fera une déclaration de protestation pour attirer l'attention du public sur les conditions de vie des « premiers vrais Américains ». Ce geste ne favorise pas le rapprochement Brando-Hollywood, d'autant plus que l'acteur multiplie les déclarations fracassantes. En 1980, sur le plateau de *The Formula (la Formule)*, de John G. Avildsen, tous guettent la rencontre de deux fortes personnalités qui ont la réputation d'être difficiles à vivre.

Durant les années soixante-dix, Brando a limité ses apparitions à l'écran. Citons sa création de l'étrange tueur à gages inverti et maniaque dans *Missouri Breaks*, d'Arthur Penn, sa magnifique prestation dans *L'Ultimo tango à Parigi* (*le Dernier Tango à Paris*, 1972), de Bertolucci, son numéro d'acteur en colonel Kurtz dans *Apocalypse Now* (1979), parce qu'il aime Coppola et que son salaire est de 3 millions de dollars, sa courte apparition dans *Superman* pour 500 000 dollars de moins, et il faudra attendre 1989 pour le retrouver dans *A Dry White Season (Une saison blanche et sèche)*, d'Euzhan Paley, parce que c'est un film sur l'apartheid et qu'il se sent concerné par ce genre d'injustices. En 1990, nous aurons le plaisir de le revoir en initiateur de Matthew Broderick dans *The Freshman (Premiers Pas dans la Mafia)* où il nous refait son numéro de Parrain à la perfection.

CI-DESSUS Marlon Brando, portrait pour la publicité du *Dernier tango à Paris*, 1972

LES ANNÉES SOIXANTE

Le bouleversement que connut le cinéma hollywoodien et européen au cours des années soixante fut l'un des plus importants depuis l'avènement du son à la fin des années vingt. Le pouvoir revint à ceux qui faisaient les films. Le système des studios s'était effondré et la télévision avait transformé le public. Les anciens proscrits du temps de la chasse aux sorcières de McCarthy reconstruisaient leur carrière, et certains cinéastes américains, contraints par les restrictions du budget à travailler à l'étranger, connaissaient en Europe des influences nouvelles et régénératrices : les talentueux réalisateurs de la Nouvelle Vague comme Truffaut et Godard faisaient leur apparition dans le cinéma français, et les réalisateurs britanniques comme Karel Reisz et Tony Richardson poursuivaient leur exploration réaliste, commencée dans les années cinquante, et tentaient de capter les changements de la société qui les entourait. Le type de la vedette masculine anglais changea totalement : Laurence Harvey, dans le rôle de Joe Lampton, l'ouvrier impitoyable qui utilise les femmes pour s'élever, et Albert Finney, le manœuvre rebelle et impatient de *Samedi soir et dimanche matin*, étaient la preuve que les valeurs sociales évoluaient très vite. Les vedettes de la chanson pop, comme les Beatles, vinrent bientôt au cinéma, et le public se passionna pour le « Swinging London ».

L'écroulement du système des studios hollywoodiens permit aux stars d'exercer un plus grand contrôle sur leur destinée, mais il leur imposa aussi beaucoup plus de responsabilités. Au lieu de se laisser modeler et lancer par la machine du studio, elles devaient créer leur image elles-mêmes en choisissant leurs rôles selon des critères personnels et, si nécessaire, en participant à la production pour avoir un droit de regard sur la qualité et sur la commercialisation du film. Avec trop d'échecs au box-office, les acteurs avaient des difficultés, mais s'ils prenaient les décisions opportunes, ils pouvaient atteindre le statut de superstar. C'est un courant qui avait commencé à se dessiner dans les années cinquante, mais le rôle de la vedette dans la production et le contrôle – phénomène inconnu depuis la création dans les années vingt des Artistes Associés par Chaplin, Fairbanks et Pickford – devint important dans les années soixante.

L'idée que l'on se faisait traditionnellement de la vedette masculine fut aussi battue en brèche par l'évolution des mœurs sexuelles et par les progrès du féminisme. À l'époque où avaient été établis la plupart des modèles mâles de l'écran, c'est-à-dire dans les années trente, le Code Hays avait eu pour effet que les stars, hommes et femmes, s'adressaient à un public familial. La censure était stricte et on ne plaisantait pas avec elle, quoique la restriction fût évidemment elle-même très évocatrice de sexualité, et que les meilleurs réalisateurs fussent très astucieux dans le domaine de la suggestion : Spencer Tracy tirant les rideaux du lit à colonnes qu'il partage avec Katharine Hepburn dans *Madame porte la culotte* ; William Powell pelant une banane tandis que Virginia Valli se déshabille dans *Prince sans amour*. La censure, en se relâchant, permit de faire bien davantage. On se mit à traiter des sujets que Hollywood avait jusqu'alors tenus pour trop déprimants. Les vedettes masculines pouvaient avoir des rôles d'hommes imparfaits, de perdants ou d'ivrognes, et même les anciens stéréotypes n'étaient pas ce que laissait croire l'apparence : ainsi dans *Psychose*, Antony Perkins renversait l'image du gentil voisin. Certains héros commettaient des actions en contradiction avec la loi, mais pas nécessairement avec la justice naturelle. La jeunesse de la fin des années soixante pouvait s'identifier avec le Clyde Barrow interprété par Warren Beatty, victime impuissante du rêve américain, comme avec Peter Fonda et Michael Sarazin qui eurent brièvement dans les studios le statut de hippies maison. Un nu ne choquait plus, s'il était en mouvement, et la sexualité était explicitement évoquée à l'écran. Hollywood continua durant cette décennie à montrer les femmes comme de bonnes ménagères, comme des bombes sexuelles ou comme des femmes fatales, ce qui commençait à être ridicule au moment où la mode était aux filles maigres et où de jeunes cinéastes essayaient de changer ces stéréotypes. La mort de Marilyn Monroe en 1962 et le déclin de popularité, au début des années soixante, de l'autre reine du sexe, Jayne Mansfield – dont la fonction était de présenter une parodie du type Monroe – marquèrent la fin d'un certain genre de stars féminines. On montrait de plus en plus la femme comme sujet plutôt que comme objet ; par exemple *Loin de la foule déchaînée* parlait de Julie Christie et non d'Alan Bates, Terence Stamp ou Peter Finch, les hommes de sa vie. Cela pouvait même rendre, en fin de compte, inutile la star masculine.

Il fallait, à l'évidence, reconsidérer les types traditionnels des vedettes masculines ; mais les studios et les producteurs, ne sachant plus que proposer au public, déversèrent toute une cargaison de types différents. Certains acteurs sortaient du moule ancien : Rock Hudson survécut, tandis que l'industrie voyait dans le beau garçon sans complication qu'était Omar Sharif sa nouvelle vedette exotique et langoureuse ; quant au raffinement spirituel et sophistiqué de George Segal, il rappelait les années trente.

Les bouleversements sociaux et politiques des années soixante laissèrent leur marque sur les dernières années de la décennie. Certains types d'hommes passèrent de mode, tout simplement. Si les années cinquante s'étaient conclues sur la défaite du héros de cape et d'épée, le cynisme des années soixante montra la porte aux grands conquérants comme Charlton Heston qui avait encore tourné, au début de la décennie, des épopées en costumes et des films d'action spectaculaires : *le Cid* et *la Plus Grande Histoire jamais contée*. Ce héros mythique et tout-puissant laissa la place à l'homme d'action et au marginal sympathique : ce fut l'apparition de Steve McQueen dans *les Sept Mercenaires*, et plus significativement encore dans *la Grande Évasion*, l'un des premiers films à réunir une interprétation internationale, grâce à laquelle les studios essayaient de ramener au grand écran le public de la télévision. Un peu plus tard, *les Douze Salopards*, en traitant le sujet du groupe entièrement masculin qui a son propre code interne d'honneur et de loyauté, annonçait les films de copains de la fin des années soixante et du début des années soixante-dix comme *Butch Cassidy et le Kid*. Après un faux départ comme double de Marlon Brando dans les années cinquante, Paul Newman apporte à l'homme d'action un vernis de légèreté raffinée, et Clint Eastwood émergea des westerns spaghetti italiens, où la violence était presque stylisée, pour devenir une star des années soixante et une superstar des années soixante-dix ; en cette fin de siècle, il représente le solitaire qui combat la société bureaucratique et défend les valeurs individuelles.

Le héros romanesque démodé se renouvela dans le film de gangster et d'espionnage. En France, ce genre lança Alain Delon dont la vie privée renforça l'image cinématographique, et Jean-Paul Belmondo qui attira l'attention internationale avec un personnage à la « Bogey » dans *À bout de souffle*, de Godard. En Grande-Bretagne, Sean Connery sut exactement doser l'autoparodie en James Bond, tandis que Michael Caine créait Harry Palmer, le héros miteux et franchement ordinaire de *Ipcress, danger immédiat*.

Si l'on considère l'ensemble de cette décennie, on n'y voit pas seulement des changements significatifs, mais aussi l'apparition de certains types authentiquement nouveaux. Les films anglais du début de cette période présentèrent des héros issus de la classe ouvrière, comme Laurence Harvey et Albert Finney ; Michael Caine déambulait au milieu d'une quantité de femmes dans *Alfie le Dragueur*, tandis que Terence Stamp et David Hemmings incarnaient une espèce légèrement différente mais tout aussi attirante de vedette masculine : beaux et jeunes, ils faisaient partie de l'élite du Swinging London. En Italie, Marcello Mastroianni montrait combien la dissipation pouvait être séduisante.

Aux États-Unis, de nouveaux réalisateurs comme Robert Altman et Mike Nichols lancèrent la carrière de vedettes différentes, tels Donald Sutherland et Dustin Hoffman qui ont en commun une image sexuelle sans agressivité, mais troublante, en accord avec l'esprit de cette fin de décennie. Et, pour la première fois, un Noir pouvait devenir une vedette quoique, Sidney Poitier devait le découvrir à ses dépens, il lui fût presque impossible de trouver d'autres bons rôles.

CHARLTON HESTON

Charlton Heston, bien accueilli sur la scène de Broadway, est remarqué par David Bradley qui le fait tourner dans une version 16 mm du *Julius Caesar* de Shakespeare en 1950. La même année, il paraît aux côtés de Viveca Lindfors dans *Dark City (la Main qui venge)*, de William Dieterle. Puis on lui confie des rôles d'homme dur et intraitable dans des westerns comme *The Savage* (*le Fils de Géronimo*, 1952) ou *Arrowhead* (*le Sorcier du Rio Grande*, 1953). C'est alors que Cecil B. De Mille l'élève au rang de personnage biblique avec *The Ten Commandments* (*les Dix Commandements*, 1956). Trois ans plus tard, William Wyler en fait son *Judah Ben Hur, prince de Judée*, rôle qui vaudra un oscar à son interprète. Il nous offre une prestation magistrale dans le rôle-titre de *El Cid* (*le Cid*, 1961), d'Anthony Mann.

Il égalera les performances de David Niven et Ava Gardner dans *55 Days at Peking* (*les Cinquante-cinq Jours de Pékin*, 1963), de Nicholas Ray. En 1965, il sera saint Jean-Baptiste dans *The Greatest Story Ever Told (la Plus Grande Histoire jamais contée)*, de George Stevens, Michel-Ange dans *The Agony and the Ecstasy (l'Extase et l'Agonie)*, de Carol Reed, et un preux chevalier, plus banal, dans *The War Lord (le Seigneur de la guerre)*, de Franklin Schaffner, qui lancera avec lui la série « postatomique » de *la Planète des singes.* Un autre film de science-fiction, *The Omega Man* (*le Survivant*, 1971), de Boris Sagal, nous permettra d'admirer sa détermination à l'écran. C'est grâce à lui et contre l'avis des studios que Peckinpah a pu tourner *Major Dundee* (1965) et *Tom Gries, Will Penny* (*Will Penny le solitaire*, 1968). Nous ne saurions quitter Charlton Heston sans parler de *Soylent Green* (*Soleil vert*, 1972), de Richard Fleischer, pour notamment ses scènes avec Edward G. Robinson et sans ajouter que, même dans les films-catastrophe où il s'égare en fin de carrière, il reste un très grand acteur.

PAGE DE GAUCHE Charlton Heston, portrait pour le studio, 1950, par Bud Fraker
EN HAUT *Ben Hur*, 1959
CI-CONTRE *La Soif du mal*, 1958, avec Janet Leigh

LAURENCE HARVEY

C'est en 1950, dans le rôle du motocycliste acrobate de *The Scarlet Thread*, de Lewis Gilbert, que Laurence Harvey « perce » en Angleterre. Quatre ans plus tard, il est engagé à Hollywood pour tourner dans un très mauvais film, *King Richard and the Crusades (Richard Cœur de Lion)* qu'il fait bien vite oublier grâce à sa performance aux côtés d'Anthony Steel et de James Robertson Justice dans le remake *Storm Over the Nile* (*les Quatre Plumes blanches*, 1955), de Zoltan Korda et Terence Young. En 1959, il attire fortement l'attention des cinéphiles par son remarquable personnage d'arriviste dans *Room at the Top (les Chemins de la haute ville)*, de Jack Clayton, avec Simone Signoret, même si c'est sa partenaire qui reçoit l'oscar. John Wayne le choisit pour être le colonel Travis dans son Alamo.

Excellent en gentleman sudiste, Harvey reviendra à des rôles plus ambigus dans ses films suivants ; il abandonnera Elizabeth Taylor à son triste sort de prostituée (qui lui vaudra un oscar) dans *Butterfield 8* (*la Vénus au vison*, 1960), de Daniel Mann, assistera sans broncher au viol de sa femme dans *The Outrage* (*l'Outrage*, 1964), de Martin Ritt, séduira malgré lui une vieille fille (Geraldine Page) dans *Summer and Smoke* (*Été et fumées*, 1963), de Peter Glenville, et sera, dans *Of Human Bondage* (*l'Ange pervers*, 1964), de Ken Hughes, un héros digne.

Luttant contre le cancer qui le ronge, il passera à la réalisation pour son dernier film, *Welcome to Arrow Beach* (1974) dont il dirigera le montage par téléphone de son lit d'agonie.

CI-DESSUS *Les Chemins de la haute ville*, 1958, avec Simone Signoret

DIRK BOGARDE

Dès ses débuts en 1947, sa présence fascinante rendra intéressants ses emplois les plus conventionnels. Citons pour mémoire les films *The Blue Lamp* (*Police sans armes*, 1950), de Basil Dearden, *Hunted* (*Rapt*, 1952), de Charles Crichton, et *Desperate Moment* (*Aventure à Berlin*, 1953), de Compton Bennett.

En 1954, c'est la rencontre avec le réalisateur Joseph Losey qui saura exploiter les nuances de ses regards et l'ambiguïté de ses sourires dans *The Sleeping Tiger (La bête s'éveille)* aux côtés d'Alexander Knox. Bogarde retrouvera ce metteur en scène pour quatre autres films, *The Servant* (1963), bien sûr, *King and Country* (*Pour l'exemple*, 1964) où il est un avocat de l'armée chargé de défendre le déserteur Tom Courtenay durant la Première Guerre mondiale, *Modesty Blaise* (1966) où il se pastiche avec élégance devant Monica Vitti et Terence Stamp, et enfin *Accident* (1967) où il incarne toutes les frustrations d'un médiocre professeur de collège anglais.

En 1967, il tourne *Our Mother's House (Chaque soir à neuf heures)*, de Jack Clayton. Il portera son art à la perfection dans *The Damned* (*les Damnés*, 1969) et *Death in Venice* (*Mort à Venise*, 1970), tous deux de Luchino Visconti, tirera plus qu'honorablement son épingle du jeu dans le difficile *Portiere di Notte* (*Portier de nuit*, 1973), de Liliana Cavani, avec Charlotte Rampling, et atteindra le sommet avec tour à tour *Providence* (1977), d'Alain Resnais et un téléfilm dont il signe le script, *May I Borrow Your Husband ?*

CI-DESSUS Dirk Bogarde, portrait pour la publicité du *Cavalier noir*, 1960

ALBERT FINNEY

C'est une comédie musicale mise en scène par Lindsay Anderson qui va le lancer : *The Lily White Boys*. Dès l'année suivante, Tony Richardson lui donne un petit rôle dans *The Entertainer (le Cabotin)*, puis Karel Reisz en fait le jeune ouvrier en colère qui refuse sa condition ; c'est *Saturday Night and Sunday Morning (Samedi soir et dimanche matin)* d'après le roman d'Alan Sillitoe. Très circonspect dans le choix de ses rôles, Finney attend 1963 pour accepter celui de *Tom Jones*. Ce personnage truculent lui vaut la célébrité internationale. La même année, Carl Foreman le fait tourner dans *The Victors (les Vainqueurs)*, saga sur l'avance alliée à travers l'Europe.

En 1964, il retrouve Karel Reisz pour le remake de *Night Must Fall (la Force des ténèbres)*. Ce n'est qu'en 1967 qu'il réapparaît à l'écran dans une comédie de Stanley Donen avec Audrey Hepbrun, *Two for the Road (Voyage à deux)*. Puis il produit, réalise et interprète *Charlies Bubbles* (1968).

Dans *Gumshoe* de Stephen Frears, qu'il produit, il est une parodie de Philip Marlowe. Il sera tout aussi drôle en Hercule Poirot dans *Murder on the Orient Express* (*le Crime de l'Orient-Express*, 1974), de Sidney Lumet, et dans celui de Daddy Warbucks pour *Annie* (1982). Mais il sera émouvant dans le *Shoot the Moon* (*l'Usure du temps*, 1981), d'Alan Parker, à l'aise dans l'étrange *Wolfen* (1981), de Michael Wadleigh, il nous époustouflera en diplomate alcoolique dans *Under the Volcano* (*Au-dessous du volcan*, 1984), réalisé par John Huston d'après le célèbre roman de Malcolm Lowry.

CI-DESSUS Albert Finney, *portrait pour la publicité de* Tom Jones, 1963

DAVID HEMMINGS

Avec son visage d'enfant de chœur et son regard exprimant simultanément la curiosité et l'étonnement, David Hemmings est l'interprète idéal de *Blow Up* (1967), de Michelangelo Antonioni le raffiné, qui porte son regard d'esthète sur une ville folle, la « Swinging London » des cheveux longs, des minijupes et des Yardbirds qui fracassent leurs amplis sur scène.

En 1968, deux films de guerre, l'un historique, l'autre onirique, mais aussi antimilitaristes l'un que l'autre : *The Charge of the Light Brigade (la Charge de la brigade légère)*, de Tony Richardson, met en exergue l'inconscience pompeuse des généraux britanniques durant la guerre de Crimée et ses conséquences catastrophiques, tandis que *The Long Day's Dying (Un jour parmi tant d'autres)*, de Peter Collinson, se contente d'exhiber avec talent un épisode de la Seconde Guerre mondiale « parmi tant d'autres ».

Pour mémoire, parmi la quarantaine de films qu'il a tournés, citons *Barbarella*, de Vadim, réalisé en 1968. En 1972, il passera à la réalisation avec *Running Scared* dans lequel il dirigera Robert Powel aux côtés de sa femme, Gayle Hunnicutt. Il récidivera l'année suivante avec *The 14*, interprété par Jack Wild, June Brown et quatorze enfants.

Il forme une excellente équipe avec Richard Harris dans *Juggernaut* (*Terreur sur le* Britannic, 1974), de Richard Lester, puis effectue en 1975 une sorte de retour aux sources en interprétant un autre rôle d'artiste (un compositeur, cette fois) qui, par désœuvrement, se lance dans une enquête policière à ses risques et périls. Si, dans *Blow Up*, il avait affaire à un meurtre passionnel, il est, dans *Profondo Rosso* (*les Frissons de l'angoisse)*, de Dario Argento, confronté aux agissements d'une grande psychopathe. En 1978, il reviendra à la réalisation avec *Just a Gigolo*, où il oppose David Bowie à Marlene Dietrich, et tournera avec Donald Sutherland dans *les Liens de sang*, de Claude Chabrol.

EN HAUT *Blow Up*, 1966, avec Vanessa Redgrave
CI-CONTRE David Hemmings, 1966

TERENCE STAMP

Avec son charme de voyou et son regard pâle, il est parfait dans les personnages de vauriens « sauvés par l'amour ». En 1963, dans *Term of Trial (le Verdict)*, de Peter Glenville, il tient son premier rôle aux côtés de Laurence Olivier. Puis il est le héros impressionnable et délicat de *Billy Budd*, de Peter Ustinov. Dès son troisième film, il change du tout au tout en incarnant à l'écran le héros à la fois névrosé et émouvant du best-seller de John Fowles, *The Collector* (*l'Obsédé*, 1966) sous la direction de William Wyler : un collectionneur de papillons qui séquestre une jeune fille (Samantha Eggar) dans l'espoir fou de se faire aimer d'elle. Son jeu largement intériorisé lui vaut le prix d'interprétation à Cannes. La même année, Joseph Losey le fait tourner aux côtés de Monica Vitti dans *Modesty Blaise*.

1967 sera une année très importante pour sa carrière. John Schlesinger le met en compétition avec Alan Bates et Peter Finch pour conquérir Julie Christie dans *Far From the Madding Crowd (Loin de la foule déchaînée)*, d'après le célèbre roman de Thomas Hardy ; il crée un étrange cow-boy psychédélique dans *Blues (El Gringo)*, de Silvio Narizzano, aux côtés de Joanna Pettet et de Karl Malden, mais surtout il « est » Toby Dammit, l'acteur alcoolique et halluciné du fantastique sketch de Fellini *Tre Passi nel Delirio (Histoires extraordinaires ; Il ne faut jamais parier sa tête avec le diable)*.

Suite logique, il est l'ange du mal qui s'empare d'une famille dans le *Teorema (Théorème)*, de Pier Paolo Pasolini.

Quasi absent des écrans durant les années soixante-dix, il incarnera néanmoins Gurdjieff dans *Meetings With Remarkable Men (Rencontres avec des hommes remarquables)*, de Peter Brook, en 1979. Efficace dans le rôle alimentaire du général Zod des *Superman 1* et *2*, il se rappellera à nous dans un excellent petit thriller de Stephen Frears avec John Hurt, *The Hit* (1984).

CI-CONTRE *Pas de larmes pour Joy (Poor Cow)*, 1967, avec Carol White

PAGE DE DROITE Portrait pour la publicité de Billy Bud, 1962

MICHAEL CAINE

Né en 1933 à Londres, Maurice Micklewhite débute au théâtre en 1955 à Horsham dans *The Long and the Short and the Tall*, puis apparaît à la télévision dans des pièces classiques. Il mettra longtemps à se faire remarquer au cinéma, après deux « faux départs », d'abord en 1956 dans *A Hill in Korea (Commando en Corée)*, de Julian Amyes, puis en 1963 dans *Zulu (Zoulou)*, de Cyril-Raker Endfield. En 1965, Sidney J. Furie lui donne enfin une vraie chance en lui faisant incarner, Harry Palmer de *The Ipcress File (Ipcress, danger immédiat)*. L'année suivante, en créant le personnage d'Alfie sous la direction de Lewis Gilbert, il établit sa célébrité. Des propositions affluent, et sa carrière prouve qu'il ne fera pas toujours preuve de discernement dans ses choix. Si l'on excepte ses retrouvailles avec Harry Palmer dans deux autres films, *Funeral in Berlin* (*Mes funérailles à Berlin*, 1966), de Guy Hamilton, et *Billion Dollar Brain* (*Un cerveau d'un million de dollars*, 1967), de Ken Russell, et ses apparitions dans quelques sous-produits, il saura nous dévoiler un autre aspect de son talent en s'opposant à Laurence Olivier dans *Sleuth* (*le Limier*, 1972), de Joseph L. Mankiewicz, et en faisant équipe avec Sean Connery dans *The Man Who Would Be King* (*L'Homme qui voulut être roi*, 1975), de John Huston.

S'il essaie de renouveler l'exploit de Sleuth avec *Deathtrap* (*Piège mortel*, 1982), de Sidney Lumet, Christopher Reeve n'est pas Laurence Olivier ! En revanche, Caine excelle dans son rôle de vieil érudit confronté à une étudiante difficile dans *Educating Rita* (*l'Éducation de Rita*, 1983), forme une équipe très drôle avec Steve Martin dans la comédie *Dirty Rotten Scoudrels (le Plus Escroc des deux)*, de Frank Oz après avoir été un extraordinaire antihéros aux côtés de Richard Gere dans *The Honorary Consul* (*le Consul honoraire*, 1984), de John Mackenzie. Plus récemment, il a retrouvé ce réalisateur pour un autre film d'espionnage, *The Fourth Protocol (le Quatrième Protocole)*.

CI-CONTRE Michael Caine, portrait pour la publicité de *Le chat croque les diamants*, 1968

PETER O'TOOLE

Acteur shakespearien et irlandais à la fois, il sait éblouir le spectateur par ses intonations patriciennes, mais aussi réellement émouvoir s'il est dirigé par un réalisateur « à poigne ». Ainsi, grâce à David Lean, O'Toole saura rester sobre dans son incarnation de *Lawrence of Arabia* (*Laurence d'Arabie*, 1962). Il prendra le temps de se pénétrer longuement de son rôle, et réussira la performance que l'on sait. Il en ira de même pour son incarnation du roi Henry II d'abord dans *Becket* (1964) où il formera avec Richard Burton et John Gielgud un trio d'acteurs incomparable sous la direction de Peter Glenville, puis dans *The Lion in Winter* (*le Lion en hiver*, 1968), d'Anthony Harvey, avec Katharine Hepburn tenant le rôle d'Éléonore d'Aquitaine. Ces trois films lui vaudront chaque fois une nomination à l'oscar. Dans *Lord Jim* (1965), de Richard Brooks, il sera tout aussi convaincant. La même année, il apparaîtra en séducteur dans la comédie farfelue de Clive Donner *What's New Pussycat ? (Quoi de neuf, Pussycat ?)* avec Woody Allen et Peter Sellers, qu'il retrouvera dans la parodie de James Bond intitulée *Casino Royal* en 1967.

En 1966, il sera associé à de grosses productions : *How to Steal a Million (Comment voler un million de dollars)*, de William Wyler, *The Bible (la Bible)*, de John Huston, et *The Night of the Generals (la Nuit des généraux)*, d'Anatole Litvak, dans lequel il créera un personnage hallucinant de cruauté et de sadisme. O'Toole recevra quatre autres nominations à l'oscar, pour *Goodbye Mr. Chips*, de Herbert Ross (1968), avec Petula Clark et Michael Redgrave, *The Ruling Class* (*Dieu et mon droit*, 1972), de Peter Medak, où il se prend pour Dieu dans le rôle du jeune comte de Guerneyn ; *The Stuntman* (*le Diable en boîte*, 1978), de Richard Rush, où il est un réalisateur mégalomane et diabolique, et dans *My Favorite Year* (*Où est passée mon idole ?*, 1982), de Richard Benjamin, où son personnage de Salan Swann est merveilleux de cabotinage.

CI-CONTRE Peter O'Toole, portrait pour la publicité de *Lawrence d'Arabie*, 1962

STEVE McQUEEN

Steve McQueen est né le 24 mars 1930 à Indianapolis. Le circuit automobile situé dans cette ville, dont la réputation est mondiale, a sans doute influencé le jeune Terence Stephen. Plus tard, sa passion pour la vitesse n'a-t-elle pas manqué de lui faire abandonner sa carrière d'acteur pour lui faire embrasser celle de pilote de course ?

Il a dix-sept ans quand il pénètre dans le monde du spectacle à l'occasion d'un carnaval itinérant, qu'il abandonne à son tour pour devenir gardien d'une société de bois de charpente. Puis il est réparateur de télévision, pour enfin s'engager dans les marines. Il y apprend le métier de mécanicien et devient conducteur de tank. Il trafique les moteurs pour avoir le tank le plus rapide de toute l'armée des États-Unis.

Au terme de son contrat, il a vingt ans et il est toujours aussi instable. C'est une nouvelle succession de petits métiers, puis, un jour, il s'essaie au théâtre. En 1954, il a déjà quelques pièces à son actif quand il décide pour la première fois de s'en tenir à une carrière précise. À vrai dire, il ne pouvait que se stabiliser dans un métier aussi instable ! Chaque année, plus de deux mille candidats se présentent pour entrer à l'Actors Studio de Lee Strasberg. Steve sera l'un des cinq élèves qui passeront l'audition de 1955.

L'année suivante, il débute au cinéma dans un petit rôle aux côtés de Paul Newman dans *Somebody Up There Likes Me (Marqué par la haine)*, de Robert Wise. En 1959, le public le remarque aux côtés de Sinatra dans un film de guerre percutant de John Sturges, *Never So Few (la Proie des vautours)*, mais c'est l'année suivante que ce réalisateur lui donne sa grande chance dans *The Magnificent Seven (les Sept Mercenaires)*. En 1962, il tourne sous la direction d'un autre spécialiste des films d'action, Don Siegel, dans *Hell Is for Heroes (L'enfer est pour les héros)* et surtout il retrouve John Sturges pour *The Great Escape (la Grande Évasion)* dont le moment « apex » est certainement la fuite à

CI-CONTRE *La Grande Évasion*, 1963

moto de Steve qui, bien entendu, effectue toutes les cascades lui-même.

Curieusement, trois films beaucoup plus intimistes vont suivre en 1964 : *Love With the Proper Stranger (Une certaine rencontre)* et *Baby the Rain Must Fall (le Sillage de la violence)*, tous deux de Robert Mulligan, et *Soldier in the Rain (la Dernière Bagarre)*, de Ralph Nelson. En 1965, Steve est opposé à Edward G. Robinson pour l'excellent *The Cincinnati Kid (le Kid de Cincinnati)*, de Norman Jewison. Désormais, chacun de ses films est un triomphe au box-office. En 1966, ce sont *The Sand Pebbles (la Canonnière du Yang-Tsé)*, de Robert Wise, et *Nevada Smith,* de Henry Hathaway ; en 1968, *The Thomas Crown Affair (l'Affaire Thomas Crown)*, de Jewison et *Bullitt*, de Peter Yates.

The Reivers (1969), de Mark Rydell, le présente en cow-boy fatigué dans un intéressant road-movie que ne désavouerait pas le Clint Eastwood de *Honky Tonk Man*, pour ne citer que ce film. En 1972, Sam Peckinpah dirigera Steve dans un *The Getaway* qui sent un peu le film de commande, mais l'acteur se rattrape dès l'année suivante avec *Papillon*, et l'année d'après avec *The Towering Inferno (la Tour infernale)* où il est respectivement opposé à deux grands acteurs de sa trempe, Dustin Hoffman et Paul Newman.

En 1977, *An Enemy to the People (Un ennemi du peuple)* nous présente un Steve McQueen enflé par la cortisone. Il est très malade, le cancer le ronge. En 1979, il incarne un chasseur de primes fatigué de vivre dans *Tom Horn*, de William Wiard. Nous sommes loin du héros de la série *Wanted, Dead or Alive (Au nom de la loi)* qui avait fait sa gloire à la télévision. En 1980, il a le même rôle dans *The Hunter (le Chasseur)*, de Buzz Kulik. C'est son chant du cygne.

EN HAUT Steve McQueen, portrait pour la publicité de *Bullit*, 1968

CI-DESSOUS *Une certaine rencontre*, 1963, avec Natalie Wood

SIDNEY POITIER

La « première vedette noire » des États-Unis a débuté dans une série de films à « caractère social » comme *Cry the Beloved Country* (*Pleure, ô pays bien-aimé*, 1952) ou *The Blackboard Jungle* (*Graine de violence*, 1955) avant de partager l'affiche (et la chaîne des bagnards) avec Tony Curtis dans *The Defiant Ones* (*la Chaîne*, 1958), de Stanley Kramer, film pour lequel il recevra une nomination à l'oscar. En 1959, il fera un duo chantant avec Dorothy Dandridge pour le *Porgy and Bess*, d'Otto Preminger d'après l'opéra de Gershwin. En 1963, il remportera l'oscar pour son rôle d'homme à tout faire auprès de Lilia Skala dans *Lilies of the Field (le Lys des champs)*, de Ralph Nelson. Quatre ans plus tard, il triomphera sur les écrans opposé à Rod Steiger dans *In the Heat of the Night* (*Dans la chaleur de la nuit*, 1967), de Norman Jewison.

Ces rôles répétitifs de « Noir instruit » au service des Blancs le feront rejeter par le public noir, et pourtant on peut considérer que, d'une certaine façon, il a « préparé le terrain » à des acteurs comme Eddie Murphy, Richard Pryor, sans parler de Spike Lee...

Il est vrai qu'il est assez ridicule dans le rôle qui lui est dévolu dans *Guess Who's Coming to Dinner* (*Devine qui vient dîner*, 1967), de Stanley Kramer, parce qu'il est assez peu crédible en fiancé de Katharine Houghton, un peu trop *wasp* tout de même, malgré les bonnes intentions de Spencer Tracy, de Katharine Hepburn et du réalisateur Stanley Kramer. Toutefois, il s'est récemment rattrapé avec notamment *Deadly Pursuit (Randonnée pour un tueur)*, étonnant thriller montagnard avec Tom Berenger.

PAGE DE GAUCHE *L'Affaire Thomas Crown*, 1968, avec Faye Dunaway

CI-CONTRE Sidney Poitier, portrait pour la publicité de *Devine qui vient dîner*, 1967

ALAIN DELON

C'est l'adaptation d'un roman de Patricia Highsmith par le cinéaste René Clément qui lui apporte la célébrité. En 1960, aux côtés d'un autre « jeune premier », Maurice Ronet, il tourne dans *Plein Soleil*. Sa beauté, bien sûr, mais aussi son côté à la fois résolu et rebelle n'échappent pas à l'œil expert de Luchino Visconti qui le fait tourner l'année suivante dans un grand film, *Rocco e i suoi fratelli (Rocco et ses frères)* aux côtés de Claudia Cardinale et le dirige sur scène avec Romy Schneider dans *Dommage qu'elle soit une P...* En 1962, Henri Verneuil l'oppose à Gabin dans *Mélodie en sous-sol*. Puis c'est au tour de Michelangelo Antonioni de s'emparer du jeune acteur, dans l'*Eclisse* (*l'Éclipse*, 1962) aux côtés de Monica Vitti. Aussitôt après, Visconti le transforme en jeune révolutionnaire cynique et fougueux pour *Il Gattopardo* (*le Guépard*, 1963), avec Burt Lancaster et Claudia Cardinale. À la fin des années soixante, deux films policiers français vont orienter sa carrière : *le Samouraï*, de Jean-Pierre Melville, puis *Adieu l'ami*, de Jean Herman. Delon a fondé sa maison de production dès ses premiers succès. Il choisit un bon faiseur, Jacques Deray, pour un film psychologique, *la Piscine*, avec Romy Schneider, Maurice Ronet et Jane Birkin, puis pour *Borsalino*, avec Jean-Paul Belmondo. Les recettes phénoménales de ce dernier film entraîneront le tournage par Deray de policiers tels que *Flic Story* (1975), *le Gang* (1976) et *Trois Hommes à abattre* (1980). Mais ces films ne feront pas oublier le Delon du *Clan des Siciliens* (1969), de Henri Verneuil, du *Cercle rouge* (1970), de Jean-Pierre Melville et de *la Veuve Couderc* (1971), de Pierre Granier-Deferre. Au début des années quatre-vingt, l'avènement d'un gouvernement socialiste en France le décide à partir vivre en Suisse. Des films comme *Un amour de Swann* (1984), de Volker Schloendorff, *Notre histoire*, de Bertrand Blier, ou *Dancing Machine* tenteront de présenter une nouvelle image de l'acteur. Mais c'est en *Casanova* qu'il fera son véritable retour à l'écran (1992).

CI-CONTRE Alain Delon, vers 1968

JEAN-PAUL BELMONDO

Il est né à Neuilly-sur-Seine le 9 avril 1933. Dès sa sortie du Conservatoire d'art dramatique de Paris, il se produit dans diverses pièces en province et apparaît dans des films annonçant la Nouvelle Vague : *À double tour* (1959), de Claude Chabrol, ou *Classe tous risques* (1959), de Claude Sautet.

En 1960, avec Jean-Luc Godard, il compose un personnage cinéphilique et décalé, qui fera le triomphe de *À bout de souffle*. Du jour au lendemain, Belmondo devient le jeune premier le plus recherché du cinéma français. Il s'impose dans un film à costumes dès l'année suivante, dirigé par un réalisateur qui saura exhiber son côté gouailleur. C'est *Cartouche* (1961), de Philippe de Broca, avec Claudia Cardinale. Beaucoup plus sobre et profond sera le Belmondo de trois films de Jean-Pierre Melville durant la même période, celui de *Léon Morin, prêtre, le Doulos* et *l'Aîné des Ferchaux*. L'acteur prouvera également qu'il a déjà une grande maturité en s'opposant à Jean Gabin dans le merveilleux *Un singe en hiver* (1962), de Henri Verneuil. En 1964, il retrouvera Philippe de Broca pour le haletant *Homme de Rio*. L'année suivante, il a le bonheur de retrouver Godard pour *Pierrot le fou*.

En 1970, *Borsalino*, de Jacques Deray, annoncera les « machines à succès » de sa carrière durant cette décennie. En effet, si l'on excepte le délirant *le Magnifique* (1973), de Philippe de Broca, et l'efficace policier *Peur sur la ville* (1974), de Henri Verneuil, Belmondo va se contenter de rôles sur mesure et passablement répétitifs.

Toutefois, des films comme *l'Incorrigible* (1975), *l'Alpagueur* (1976), de Philippe Labro, *l'Animal* (1976), de Claude Zidi, *Flic ou voyou* (1978), *le Guignolo* (1980), *le Professionnel* (1981), de Georges Lautner, *l'As des as* (1982) et autres « Morfalous » de Henri Verneuil seront des succès phénoménaux.

Heureusement, depuis, Belmondo est revenu au théâtre de ses débuts et a prouvé, dans les rôles de Kean et de Cyrano notamment, qu'il était toujours un très grand acteur de composition.

CI-CONTRE Jean-Paul Belmondo, portrait pour la publicité de *Moderato Cantabile*, 1960

MARCELLO MASTROIANNI

Il a trente-six ans et déjà quarante-deux films à son actif quand Federico Fellini en fait une star en 1959 avec *la Dolce Vita*, aux côtés de la sculpturale Anita Ekberg. Dès lors, Mastroianni va exploiter ce personnage de voyeur désabusé des mœurs surannées ou « modernes » de son pays tant dans le *Otto e Mezzo* (*Huit et demi*, 1963), du même réalisateur, que dans *La Notte (la Nuit)*, de Michelangelo Antonioni, ou *Matrimonio all'italiana (Mariage à l'italienne)*, de Vittorio de Sica.

En 1970, John Boorman en fera le dernier héritier d'une lignée de princes qui sort de sa retraite londonienne pour s'intéresser progressivement au devenir des jeunes du ghetto noir voisin. Ce *Leo the Last (Léo le dernier)* sera notamment suivi de l'étrange *la Grande Bouffe* (1973), de Marco Ferreri. Il retrouvera ce réalisateur l'année suivante pour *Touche pas à la femme blanche*, où il est le partenaire de Catherine Deneuve et de Michel Piccoli.

Parmi les nombreux autres films qu'il tournera dans les années soixante-dix, il faut également citer un des plus beaux films d'Ettore Scola, *Una Giornata particolare* (*Une journée particulière*, 1977) avec Sophia Loren et John Vernon, et *Cosi Como Sei* (*la Fille*, 1978) d'Alberto Lattuada, avec Nastassja Kinski. En 1980, le plus célèbre des acteurs italiens retrouvera Federico Fellini pour *La Cita delle Donne (la Cité des femmes)* où, s'étant endormi lors d'un voyage en train, il plonge dans le cauchemar récurrent du réalisateur (dont il était déjà l'*alter ego* dans *Huit et demi*), à savoir un monde uniquement peuplé de femmes ; le fantasme du harem y sera démystifié à jamais !

Plus récemment, Mastroianni a joué en compagnie de Sandrine Bonnaire dans un film de Francesca Archibugi, *Dans la soirée* (1990), et il a été dirigé dans *le Voleur d'enfants* (1991), de Christian de Challonges.

CI-DESSUS *Huit et demi*, 1963

OMAR SHARIF

Il est déjà la plus grande star égyptienne lorsque David Lean l'oppose à Peter O'Toole dans *Lawrence of Arabia* (*Laurence d'Arabie*, 1962), puis à Julie Christie dans *Dr Zhivago* (*Docteur Jivago*, 1965), films qui lui valent le statut de séducteur international.

À ce stade de sa carrière, une multitude de rôles équivalents s'offrent à lui, et l'acteur se laisse stéréotyper dans un personnage de séducteur exotique, avec une petite teinte d'héroïsme pour faire bonne mesure. Il sera notamment le partisan yougoslave amoureux d'Ingrid Bergman dans *The Yellow Rolls Royce* (*la Rolls Royce jaune*, 1964), d'Anthony Asquith, le prince de sang autrichien de *Mayerling* (1968), de Terence Young, avec James Mason et Catherine Deneuve, et campera un Che Guevara aux côtés de Jack Palance transformé en Fidel Castro pour la circonstance dans *Che !* (1969), de Richard Fleischer.

Il changera alors d'emploi, devenant le joueur bon à rien, mari de Fanny Brice dans *Funny Girl* (1969), de William Wyler, récidivant d'ailleurs dans le second épisode des aventures de Barbra Streisand, *Funny Lady* (1975), de Herbert Ross.

Citons encore ses prestations dans *The Appointment* (*le Rendez-vous*, 1969), de Sidney Lumet, qui sera hué au festival de Cannes, dans *The Last Valley* (*la Vallée perdue*, 1971), de James Clavell, où il s'égare en compagnie de Michael Caine, et *Inchon* (1982), de Terence Young, où il n'est pas plus mauvais que les autres, notamment comparé à Laurence Olivier qui incarne un général MacArthur digne du musée Grévin ! C'est sans doute la banalité de tous ces derniers films qui lui fera se consacrer à sa passion pour le bridge, avec quelques apparitions dans des spots télévisés pour un hebdomadaire consacré au tiercé !

CI-CONTRE Omar Sharif, portrait pour la publicité de *Lawrence d'Arabie*, 1962

WARREN BEATTY

Séducteur à l'écran, il défraie la chronique à Hollywood depuis vingt ans. On ne compte plus en effet ses conquêtes féminines, de Joan Collins à Diane Keaton en passant par Cher. Mais laissons là ces talents de Casanova des studios pour étudier le parcours du frère cadet de Shirley MacLaine.

Né à Richmond et élevé à Arlington, en Virginie, il fait ses débuts aux côtés de Shirley dans des films d'amateur mis en scène par sa mère qui est professeur d'art dramatique. Il est tout de suite remarqué par la critique lorsqu'il interprète sa première pièce à Broadway, *A Loss of Roses*, de William Inge. En 1961, Elia Kazan le fait jouer dans son premier grand film aux côtés de Natalie Wood. C'est *Splendor in the Grass (la Fièvre dans le sang)* où il ne peut satisfaire ses pulsions d'adolescent, Amérique puritaine oblige ! Il est ensuite le gigolo de Vivien Leigh dans *The Roman Spring of Mrs. Stone* (*le Visage du plaisir*, 1961), de Jose Quintero. Puis c'est *All Fall Down* (*l'Ange de la violence*, 1962), de John Frankenheimer, où il est encore l'amant d'une femme plus âgée, en l'occurrence Eva Marie Saint. Suivront *Lilith* (1964), de Robert Rossen, et *Mickey One* (1965), d'Arthur Penn, puis *Promise Her Anything* (1966), d'Arthur Hiller, et *Kaleidoscope* (*le Gentleman de Londres*, 1966), de Jack Smight, qui auront plutôt tendance à diminuer le prestige de l'acteur.

En 1967, Beatty apporte à la Warner le sujet de *Bonnie and Clyde*, le réalisateur (Arthur Penn) et ses deux « rôles-titres », Faye Dunaway et lui-même. Le succès international de ce film va redorer le blason de l'enfant chéri de Hollywood. Par la suite, il produira quatre autres films, *Shampoo*, dont il cosignera le script avec Robert Towne, *Heaven Can Wait (Le Ciel peut attendre)* pour lequel il passera à la réalisation, *Reds* – qui retrace la vie du fondateur du parti communiste américain, John Reed – dont il est le scénariste, le réalisateur et bien sûr l'acteur principal aux côtés de Diane Keaton, et *Dick Tracy*, plus récemment. Dans *Bugsy* (1992), il incarne Benny Siegel, redoutable homme de main de Lucky Luciano qui, pour les beaux yeux d'une petite aventurière aux prétentions de comédienne, Virginia Hill (incarnée par Annette Bening, Madame Beatty), s'acharnera à faire sortir la ville de Las Vegas des sables du désert.

PAGE DE GAUCHE *L'Ange de la violence*, 1962

CI-DESSUS *Bonnie and Clyde*, 1967, avec Faye Dunaway

YVES MONTAND

Ivo Livi est né en Toscane le 13 octobre 1921. Il passe son enfance et son adolescence à Marseille. Il exerce divers petits métiers, jusqu'au jour où un succès local dans un concert d'amateurs lui ouvre les portes des music-halls. Au Moulin-Rouge, il rencontre Édith Piaf qui lui enseigne à faire de chacune de ses chansons un petit spectacle. C'est elle qui lui obtient son premier rôle dans un film. *Étoile sans lumière* (1946), de Marcel Blistène, sera suivi des *Portes de la nuit* la même année. En 1948, il tourne sous la direction d'Alexandre Eswat *l'Idole*, un film sur les milieux de la boxe. Puis ce sont trois films qui mettent davantage en évidence ses talents de chanteur. Enfin, en 1952, *le Salaire de la peur*, de Henri-Georges Clouzot fait de lui une vedette de cinéma nationale. Il remporte un bon succès avec *les Sorcières de Salem*, de Raymond Rouleau, adaptation de la pièce d'Arthur Miller qu'il avait présentée sur scène avec Simone Signoret. Signalons qu'il s'est marié avec l'actrice en 1951.

En 1960, il est catapulté partenaire de Marilyn Monroe par George Cukor dans *Let's Make Love (le Milliardaire)*.

L'essai hollywoodien n'a pas été transformé. En 1965, Signoret et lui-même acceptent de tourner *Compartiment tueurs*, dirigés par un réalisateur débutant, Costa-Gavras. Le succès de ce film relance Montand ; il est choisi par Alain Resnais pour interpréter *La guerre est finie* (1966) qui sera suivi de *Grand Prix* (1966), de John Frankenheimer, avec James Garner et Eva Marie Saint. En 1968, il remporte un grand triomphe avec *Z* de Costa-Gavras qu'il retrouvera en 1970 pour *l'Aveu*. Citons parmi ses principaux films suivants *la Folie des grandeurs*, de Gérard Oury, *César et Rosalie* (1973), de Claude Sautet, *les Routes du Sud* (1978), de Joseph Losey, *Garçon !* (1983), de Claude Sautet à nouveau, et bien sûr, *Jean de Florette* et *Manon des Sources* (1986), de Claude Berri.

La comédie musicale *Trois Places pour le 26* sera un échec, comme *Netchaïev est de retour* (1990), de Jacques Deray.

Son grand retour, en 1992, avec *IP5* de Jean-Jacques Beneix sera hélas son chant du cygne.

CI-DESSUS *Le salaire de la Peur*, 1953

PAUL NEWMAN

Il est né à Cleveland, dans l'Ohio, où son père tient une boutique d'articles de sport, le 26 janvier 1924. À vingt ans, il est opérateur radio dans le Pacifique. À la fin du conflit, il entre à l'école d'art dramatique de Yale. En 1953, il obtient un triomphe à la scène dans *Picnic*. Il est alors admis à l'Actors Studio de Lee Strasberg et Elia Kazan. En 1954, Victor Saville le dirige aux côtés de Virginia Mayo, de Jack Palance et de Pier Angeli dans un péplum à très gros budget où il est question de retrouver le calice qui servit à Jésus lors du dernier repas qu'il prit avec ses apôtres ! Après *The Silver Chalice (le Calice d'argent)*, il incarne le boxeur Rocky Graziano dans *Somebody Up There Likes Me (Marqué par la haine)*, de Robert Wise, avec à nouveau Pier Angeli, mais aussi Sal Mineo et Steve MacQueen dans de petits rôles. On avait pressenti un autre transfuge de l'Actors Studio pour ce rôle, mais il vient de mourir au volant de sa Porsche sur la route de Salinas. La presse se croit obligée d'étiqueter Newman comme le « nouveau Brando », un « nouveau rebelle sans cause », etc. Cette image sera renforcée en 1958 quand sortira *The Left-Handed Gun (le Gaucher)*, d'Arthur Penn, western psychologique où Newman, très « Actors Studio », incarne Billy the Kid. La même année, Martin Ritt le dirige dans *The Long, Hot Summer (les Feux de l'été)*, adaptation d'un roman de William Faulkner. Il y est un journalier itinérant qui, engagé par un propriétaire terrien (Orson Welles), convoite sa fille (Joanne Woodward). Si cela ne se fait pas tout seul dans le film, à la ville, Paul Newman épousera Joanne Woodward. S'ils tourneront ensemble très souvent, c'est Elizabeth Taylor qui est sa partenaire dans le film suivant, *Cat on a Hot Tin Roof*, autre adaptation d'un roman sudiste, cette fois de Tennessee Williams, par Richard Brooks.

Progressivement, l'acteur va quitter les rôles d'« associaux » pour la comédie, et composer un personnage d'Américain moyen sympathique mais éventuellement

CI-CONTRE Paul Newman, portrait pour la publicité des *Feux de l'été*, 1958

HOT

vulnérable. Auparavant, il sera le militant résolu de la cause israélienne dans *Exodus* (1960), d'Otto Preminger, et le champion de billard de *The Hustler* (*l'Arnaqueur*, 1961), de Robert Rossen. Citons encore *Hud* (*le Plus Sauvage d'entre tous*, 1963), de Martin Ritt, et surtout *Cool Hand Luke* (*Luke la main froide*, 1967), de Stuart Rosenberg, où, en forçat arborant en permanence un sourire insolent, il est certes toujours un rebelle, mais avec de l'humour et de la dérision. Souvenons-nous de la dernière image du film : il n'a pas écouté les sommations de son « maton » (George Kennedy) et ne s'est pas arrêté, celui-ci lui tire dessus, Newman se tourne de trois quarts, il sourit. À ce moment-là l'image se fige.

En 1968, il passe à la réalisation et dirige Joanne Woodward dans *Rachel, Rachel*, où elle est une enseignante célibataire en passe de rester vieille fille. Deux ans plus tard, il récidive avec *Sometimes, A Great Nation (le Clan des irréductibles)*, où, cette fois, il apparaît, aux côtés de Henry Fonda. En 1969, George Roy Hill l'a opposé à Robert Redford dans *Butch Cassidy and the Sundance Kid (Bud Cassidy et le Kid)* qui s'est révélé un triomphe au box-office. Le réalisateur reformera leur duo en 1973 pour *The Sting (l'Arnaque)* qui, dès sa sortie en salles, battra le record de recettes. Ces deux films nuiront peut-être à la carrière du truculent *The Life and Times of Judge Roy Ben (Juge et Hors-la-loi)*, de John Huston, dans lequel Newman est hilarant en caricature de cette figure de l'Ouest sauvage. En 1976, dirigé par Robert Altman, l'acteur s'attaquera à un autre mythe avec *Buffalo Bill and the Indians (Buffalo Bill et les Indiens)*.

Pour son troisième film, dans lequel il dirige à nouveau sa femme dans le rôle principal, Newman joue la sécurité : *The Effect of Gamma Rays on Man-in-the-Moon Marigolds (De l'influence des rayons gamma sur le comportement des marguerites)* est en ef-

PAGE DE GAUCHE *Marqué par la haine*, 1956

EN HAUT *Du haut de la terrasse*, 1960, avec Joanne Woodward

CI-CONTRE *La Chatte sur un toit brûlant*, 1958, avec Elizabeth Taylor

fet adapté d'une pièce qui a valu à son auteur, Paul Zindel, le prix Pulitzer. Joanne Woodward y trouvera son meilleur rôle.

Devenu pilote de course pour les besoins du film *Winning* (*Virages*, 1975), de James Goldstone, il se passionne pour ce sport, remporte un championnat national l'année suivante et participe aux Vingt-Quatre Heures du Mans en 1979. Connu pour ses positions ultralibérales, il a fondé un institut pour l'étude de la malnutrition dans le tiers-monde, milité pour les droits civiques des Noirs, participé à nombre de mouvements en faveur du désarmement et même siégé, en 1978, à la conférence des Nations unies sur ce thème. Cette année-là, son unique fils, Scott, est mort d'une overdose.

Paul Newman vieillit bien et il est toujours aussi adulé. Il a réussi à trouver un juste équilibre entre les rôles expérimentaux et ceux qui étaient voués à un succès commercial quasi certain. Ainsi, récemment, il a repris avec talent son rôle de champion de billard pour *The Color of Money (la Couleur de l'argent)* en faisant équipe avec Tom Cruise, mais il a aussi personnifié un avocat alcoolique sur le déclin, donc un antihéros pas très reluisant dans *Verdict*, de Sidney Lumet.

Citons pour conclure *Mr. and Mrs. Bridges* (*M. et Mme Bridges*, 1990) dans lequel M. et Mme Newman nous offrent une nouvelle fois une somptueuse démonstration de leurs talents conjugués.

CI-DESSUS *Butch Cassidy et le Kid*, 1969, avec Robert Redford

PAGE DE DROITE Paul Newman, portrait pour la publicité de *L'Arnaque*, 1973

LES TEMPS MODERNES

La proximité de cette époque ne nous donne pas une vision assez claire pour en avoir une appréciation précise – mais peut-être ce flou nous permet-il un point de vue plus proche de la vérité. En tout cas, les années quatre-vingt sont très différentes des années soixante-dix.

Les exigences commerciales ont eu beaucoup d'influence sur la production. Le développement de l'industrie cinématographique australienne, après les mesures économiques du gouvernement au début des années soixante-dix, a donné naissance à des films remarquables ; Mel Gibson se détache déjà comme une star internationale. Pendant ce temps, Hollywood essaie de trouver une solution en produisant un plus petit nombre de films coûteux au succès commercial garanti, plutôt que de nombreux films à budget moyen s'adressant un peu à tout le monde qui avaient proliféré au début des années soixante-dix. L'industrie cinématographique britannique a été encouragée par Channel Four, la nouvelle chaîne indépendante, à produire des films à petit budget, mais se trouve manquer de plus en plus d'aide gouvernementale.

Vers la fin des années soixante, les studios décidèrent qu'ils pouvaient survivre à la télévision à condition de réaliser les films que le public avait envie de voir. Ils se groupèrent et, en conséquence, recommencèrent à créer des stars. Des superstars comme Clint Eastwood, Robert Redford, Burt Reynolds et Paul Newman rapportèrent des millions de dollars de bénéfice. Le public voyait en Clint Eastwood l'Américain idéal – dur mais parfois capable de tendresse, raisonnable mais parfois téméraire, et séduisant mais sans prétention. Robert Redford incarnait le héros des grands espaces et l'homme d'honneur, quoique certains de ses rôles fassent la part du succès et de la richesse de personnages parfois impitoyables. Burt Reynolds était le comédien viril. Paul Newman continuait à faire des pieds de nez à sa manière inimitable. Et à cette époque où la musique pop connaissait un creux, les jeunes choisirent à nouveau une vedette de cinéma comme héros : John Travolta, qui bénéficia d'une célébrité brève, mais comparable à celle de Rudolph Valentino.

Au même moment apparaissait une nouvelle race de metteurs en scène : les « cinéphiles » comme Steven Spielberg et George Lucas ; des Britanniques comme Ridley Scott et Alan Parker qui venaient de la publicité. Ils avaient souvent été formés, comme Martin Scorsese, dans les universités de cinéma et, par conséquent, apportaient une approche plus intellectuelle de la réalisation. Quant au public, lui aussi changeait encore une fois de structure. Les spectateurs réguliers avaient moins de trente ans et étaient diplômés de l'enseignement supérieur ou étudiants. Leurs vedettes étaient Dustin Hoffman, Jack Nicholson et Woody Allen. Ces hommes ne correspondaient pas à l'idée traditionnelle de la star masculine à l'écran. L'image du séducteur avait beaucoup changé. Il était maintenant un citadin anxieux, tourmenté ou anarchiste. Il pouvait être attirant, mais jamais d'une beauté désespérante. Dans les années trente, Hollywood aurait ri des lunettes et de la nervosité de Woody Allen ; autrefois, l'« intellectuel » n'était acceptable que s'il ressemblait à Cary Grant dans *l'Impossible Monsieur Bébé*. Et voilà que Woody Allen se trouve aux côtés de quelques-unes des plus belles femmes du cinéma, sur l'écran et dans la vie, comme autrefois.

Les années soixante-dix avaient vu fleurir les thrillers et leur surgeon, le film de milice. Clint Eastwood, dans *l'Inspecteur Harry* et les autres films de cette série, révélait cette obsession nouvelle concernant l'ordre et la loi et les conflits de l'homme dans la jungle des villes ; dans l'un de ses derniers films, *la Corde raide*, il est un flic aux tendances sado-masochistes. Les vedettes ont repris la lutte contre le gangstérisme. Donald Sutherland a tourné *Klute*, Al Pacino *Serpico* et Robert De Niro explosait de frustration et de violence dans *Taxi Driver*. Ces trois derniers acteurs annonçaient les nouvelles vedettes qui jouent la personnalité plutôt que l'émotion.

On peut déceler d'autres tendances. On a exploré la condition de l'homme à l'ère nucléaire ; les événements politiques des années soixante, en particulier la guerre du Viêt-Nam, sont suffisamment éloignés dans le temps pour devenir des sujets hollywoodiens ; et le futur – le cosmos et tous ses gadgets – est devenu un terrain pour les films d'aventures. Harrison Ford est la version du XXIe siècle d'un personnage que nous connaissons bien, le héros des films de cape et d'épée. Le féminisme, qui a plus de vingt ans, a transformé les rôles masculins et a suscité des films comme *Kramer contre Kramer* ou *Tootsie* avec Dustin Hoffman, et des films romantiques comme *la Fièvre au corps* avec William Hurt et *Trahisons conjugales* avec Jeremy Irons, où les héros sont congédiés par leurs partenaires féminines. Dans *la Femme libre*, Jill Clayburgh décide de rester seule plutôt que de reprendre son mari ou de s'engager de façon durable avec son amant, Alan Bates. La violence et la frustration des années soixante-dix ont amené un état d'esprit de résignation, de banalité et de conservatisme et un afflux de films nostalgiques.

Des influences extérieures ont transformé aussi bien la personnalité que le physique de l'homme cinématographique. L'éventail pourtant large d'archétypes des années trente et quarante n'est plus approprié, et la masculinité connaît une phase de redéfinition, comme le montre l'auteur-acteur Sam Shepard. L'obsession que connaît l'Occident concernant la santé et les aptitudes physiques centre l'intérêt sur le corps. Les pectoraux de Superman en sont l'incarnation ; on met l'accent sur la carrure, sur des jambes bien musclées. La silhouette masculine qui provoque l'admiration, c'est celle de l'athlète. Le sport, avec son insistance sur les qualités, prétendues « masculines », de compétition, d'agression, de brutalité impitoyable et de force physique, a suscité une nouvelle apparence. Autrefois, c'étaient les femmes qui étaient traitées comme des objets érotiques ; aujourd'hui les hommes sont présentés presque de la même manière.

On pourrait voir là une réaction à la confusion d'identité de la culture actuelle des jeunes, qui a connu son apothéose avec l'ambiguïté sexuelle de Boy George et de quelques autres. Le cinéma a souvent tenté de résoudre ses incertitudes en tournant son regard en arrière vers des jours plus sereins – en cette occasion, vers une époque où les hommes étaient des hommes et non un paquet de névroses projeté sur l'écran. Quelle qu'en soit la raison, la subtilité, la sensibilité et l'intelligence de l'homme des années soixante sont moins visibles aujourd'hui. Même si la grâce réservée de Sam Shepard rappelle Gary Cooper, les héros cinématographiques des années quatre-vingt sont beaux et virils et sans complication : ce sont de sombres costauds comme Richard Gere et Matt Dillon dont la sexualité est ouvertement menaçante. On peut supposer que, malgré la place importante qu'a prise le féminisme dans notre culture, le conditionnement sexuel de beaucoup de femmes a à peine changé. Son mari peut faire la vaisselle tandis qu'elle vide son porte-documents après une rude journée au bureau, mais ce dont elle rêve encore, c'est d'un prince Charmant qui frappe à sa porte.

CLINT EASTWOOD

Il commence au cinéma dans de petits rôles et se fait connaître grâce à la série télévisée *Rawhide* dans laquelle il fait équipe avec un acteur plus âgé que lui, Eric Fleming. Ce sont en somme les aventures de deux convoyeurs de bétail, une histoire inspirée de *Red River* (*la Rivière rouge*, 1948), de Howard Hawks, avec John Wayne. Deux cent dix-sept épisodes plus tard, avant même d'avoir livré le fameux bétail, mais après ce multiples péripéties permettant d'introduire une multitude de « guest-stars », de Mickey Rooney à Barbara Stanwyck en passant par Lon Chaney et Peter Lorre, Eastwood sort de la série avec l'image stéréotypée d'un « gentil cow-boy asexué et propre ». Toutefois, I y a un espoir. En 1964, pendant une interruption de tournage du feuilleton, il a accepté de partir en Espagne sur une proposition de Sergio Leone, de se laisser pousser la barbe, d'endosser un vieux poncho et de fumer d'infâmes petits cigares qui d'ailleurs coupent son trac et le mettent dans l'humeur nécessaire pour personnifier l'antithèse du Rowdy Yates de *Rawhide* : un tueur sans nom et sans morale. C'est une coproduction germano-italo-espagnole, et Leone signe le film sous le nom de Bob Robertson. Ce personnage qui va le rendre célèbre a été composé par Eastwood de A à Z. L'acteur se charge de son costume mais garde le ceinturon de « Rawhide », que nous lui verrons d'ailleurs porter dans de nombreux autres westerns. Malgré une sortie confidentielle après une « première » qui l'était tout autant dans un cinéma des faubourgs de Naples, *Per un Pugno di Dollari (Pour une poignée de dollars)* fera un triomphe grâce au bouche à oreille. En 1965 et 1966, Leone et Eastwood récidiveront respectivement avec *Per Qualche Dollari in piu (Et pour quelques dollars de plus)* et *Il Buono, il Brutto, il Cattivo (le Bon, la Brute et le Truand).*

En 1967, sort *Le Streghe (les Sorcières)*, de Vittorio de Sica. Ce sera un échec commercial. L'année suivante, c'est un vrai western américain réalisé par Ted Post, *Hang'Em High (Pendez-les haut et court).* L'acteur est payé 40 000 dollars. En 1968, l'acteur passe à la production. Sa société « Malpaso » s'associe à Universa, l'em-

PAGE DE GAUCHE *Chasseur blanc, cœur noir*, 1990
EN HAUT *Un frisson dans la nuit*, 1971, avec Jessica Walter
CI-CONTRE *Doux, dur et dingue*, 1978, avec Sondra Locke

ployeur de ses débuts, pour *Coogan's Bluff (Un shérif à New York)*, de Don Siegel. Comme dans ses films précédents, l'acteur laisse la majorité des répliques à ses partenaires et perfectionne son jeu d'expressions.

En 1969, la MGM et le réalisateur l'associent à Richard Burton et à Patrick Wymark pour *When Eagles Dare (Quand les aigles attaquent)* que l'on peut comparer aux *Canons de Navarone*. La même année, c'est la Paramount et Joshua Logan qui lui font tourner *Paint Your Wagon (la Kermesse de l'Ouest)* avec Lee Marvin et Jean Seberg, dans lequel il chante ! En 1970, il retrouve le vieux routier Don Siegel pour *Sierra Torride (Two Mules for Sister Sara)* avec Shirley MacLaine. Deux autres excellents films suivront, *Kelly's Heroes* (*De l'or pour les braves*, 1970), de Brian G. Hutton, avec Telly Savalas et Donald Sutherland, et *The Beguiled (les Proies)*, de Don Siegel. En 1971, Eastwood passe à la réalisation avec *Play Misty for Me (Un frisson dans la nuit)*. Il tourne en quatre semaines à Carmel en respectant le budget relativement modeste de 750 000 dollars qui lui a été alloué par Universal et Malpaso. Il crée l'autre personnage qui fera sa gloire, l'inspecteur Harry. En 1972, c'est le retour au western avec *Joe Kidd*, de John Sturges. Puis Eastwood réalise deux films coup sur coup : *High Plain Drifter* (*l'Homme des hautes plaines*, 1973) qualifié de western psychédélique où il synthétise son personnage des films de Leone, et Breezy (1973) où il se contente de diriger William Holden dans une histoire écrite par la scénariste de *Un frisson dans la nuit*, Jo Heims. Dès lors, sa carrière va osciller entre les films qu'il fait et qui abordent ses sujets de prédilection et ceux dans lesquels il tourne pour maintenir son statut de star. On peut classer la série des *Inspecteur Harry* et autres *Tightrope (la Corde raide)* ou *The Rookie* (*la Relève*, 1991) à part de *Bronco Billy* (1980), *Honky Tonk Man* (1982) ou même *Pale Rider* (*le Cavalier solitaire*, 1985) qui confirme le goût de l'auteur pour le surnaturel déjà présent dans *l'Homme des hautes plaines*. En revanche *Unforgiven* (*Impitoyable*) sera un western dans l'esprit de *The Wild Bunch (la Horde Sauvage 1969)*.

CI-DESSUS Clint Eastwood, portrait pour la publicité de *Et pour quelques dollars de plus*, 1965

BURT REYNOLDS

Né à Waycross, en Géorgie, le 11 février 1936, Burt Reynolds obtient son premier rôle dans *Angel Baby*, de Paul Wendkos et Hubert Cornfield en 1960. Il lui faudra cependant attendre l'année 1972 pour percer au cinéma. Cette année-là, il jouera successivement dans *Fuzz (les Poulets)*, de Richard A. Colla, avec Raquel Welch, Yul Brynner et Jack Weston, *Everything You Always Wanted to Know about Sex but Were Afraid to Ask (Tout ce que vous avez toujours voulu savoir sur le sexe sans oser le demander)*, de Woody Allen, *Shamus (le Fauve)*, de Buzz Kulik, avec Dyan Cannon, mais surtout *Deliverance (Délivrance)*, de John Boorman, où, en compagnie de Jon Voight, de Ned Beatty et de Ronny Cox, il joue un citadin qui se prend pour Tarzan le temps d'un week-end.

Il passera à la réalisation en 1976 avec *Gator*. En 1977, il tourne dans *Hooper (la Fureur du danger)* sous la direction de Hal Needham. L'année suivante, il réalise son second film, *The End (Suicidez-moi, Docteur)*, comédie noire sur un homme qui cherche à se suicider parce que les médecins lui ont révélé qu'il était condamné. Puis il tourne dans *Starting Over* (*Merci d'avoir été ma femme*, 1979), d'Alan J. Pakula, en compagnie de Jill Clayburgh et de Candice Bergen.

Son humour est prisé par les présentateurs des shows télévisés et il est fréquemment l'invité du très populaire *Tonight Show*. La chaîne NBC crée bientôt une émission spécialement pour lui, le « Burt Reynolds Late Show » qui ne fait qu'accroître sa popularité. Il tourne dans de nombreux autres films d'action où il se fait plaisir en incarnant des hors-la-loi gentils qui ridiculisent la police. En 1982, il réalise son troisième film, un policier formel situé à Las Vegas, *Sharky's Machine (l'Antigang)*. En 1984, il est, avec Clint Eastwood, l'acteur le mieux payé de Hollywood. Les deux compères se rassemblent pour se parodier dans *City Heat*, de Richard Benjamin, comédie sur la prohibition. Pour la petite histoire, rappelons qu'il a été le premier acteur à poser complètement nu pour le poster dépliant de *Cosmopolitan* en 1972.

CI-CONTRE *Sam Whiskey le dur*, 1969

SEAN CONNERY

Dans son enfance et son adolescence, rien ne laisse deviner qu'il sera à l'écran cet espion-gentleman aussi à l'aise dans les casinos que dans les salles de torture. Il est né à Edimbourg dans un milieu ouvrier – son père est camionneur et sa mère fait des ménages. Il quitte l'école à quinze ans pour être livreur d'un laitier. Les petits métiers se succèdent, puis il s'engage dans la Royal Navy. Durant trois ans, il est tour à tour à bord d'un navire de guerre, dans une école de tir et dans un escadron antiaérien. Rendu à la vie civile, il est successivement employé comme maçon, cimentier, vernisseur de cercueils et même garde du corps. À ses heures perdues, il fait du culturisme en amateur. Conséquence directe : il pose pour des publicités de maillots de bain. Un ami l'introduit dans la troupe qui répète *South Pacific*, la comédie musicale de Rodgers et Hammerstein. Sean prend des cours de danse. Il est bientôt engagé – à son propre étonnement – et effectue la tournée dans les chœurs. Mordu de théâtre, il commence à jouer dans les petites troupes classiques qui se produisent à travers l'Angleterre. Parlant avec un fort accent dont même aujourd'hui il n'a pas su ou voulu se défaire, il interprète fréquemment des rôles d'Écossais. Bien de sa personne, viril, avec cette rudesse propre aux gens du peuple, il fait peu à peu son entrée à la télévision et au cinéma. En 1961, il est aux côtés de Claire Bloom dans le téléfilm *Anna Karenine,* et sa prestation sera très remarquée. Peu de temps après, il remporte un concours organisé par le *London Express* pour découvrir l'acteur le plus apte à incarner James Bond, le héros de Ian Fleming. Sean Connery tournera dans sept *James Bond.* Le succès de ces films lui apportera gloire et fortune, mais l'acteur souffrira de cette spécialisation. Certes, il excelle dans le rôle du cynique agent secret, mais cette image l'emprisonne. Il ne parviendra que difficilement à s'en débarrasser. Après le tournage de *Diamonds Are Forever* (*Les diamants sont éternels*, 1971), il annonce qu'il

CI-CONTRE *Bons baisers de russie*, 1963

ne jouera plus jamais ce rôle. Il ne faut jamais dire « Jamais » ! En 1983, alors que Roger Moore a repris à son compte le personnage, la star qui l'a créé, les tempes maintenant argentées, revient faire un ultime tour de piste dans *Never Say Never Again (Jamais, plus jamais)*, d'Irvin Kershner. Et c'est avec un plaisir certain que l'on retrouve Sean Connery dans le rôle qui fit sa gloire. À nouveau, il affronte le redoutable et sinistre Blofeld (interprété ici par Klaus Maria Brandaver), chef incontesté du Spectre.

Si l'on excepte ses « apparitions » dans *Highlander* (1985), de Russell Mulcahy, *Times Bandits* (*Bandits, bandits*, 1980), de Terry Gilliam, ou plus récemment, en « roi Richard » à la fin de *Robin Hood, Prince of Thieves* (*Robin des bois*, 1991), avec Kevin Costner et Christian Slater, il faut citer parmi ses grandes prestations d'acteur *The Hill* (*la Colline des hommes perdus*, 1965), de Sidney Lumet, *Marnie* (*Pas de printemps pour Marnie*, 1964), d'Alfred Hitchcock, *The Wind and the Lion* (*le Lion et le vent*, 1975), de John Milius, et surtout son admirable duo avec Michael Caine dans *The Man Who Would Be King* (*l'Homme qui voulut être roi*, 1975), de John Huston, son initiation de Christian Slater dans *le Nom de la rose* (1987), de Jean-Jacques Annaud, sa performance aux côtés de Kevin Costner et de Robert De Niro dans *The Untouchables* (*les Incorruptibles*, 1986), de Brian de Palma, ou encore sa personnification du commandant russe de *The Hunt for Red October* (*À la poursuite d'Octobre rouge*, 1990) sans toutefois oublier qu'il nous a beaucoup amusés en papa d'Indiana Jones dans *The Last Crusade* (*la Dernière Croisade*, 1990), de Steven Spielberg.

CI-DESSUS *Les Incorruptibles*, 1987, avec Charles Martin Smith, Kevin Costner et Andy Garcia

À DROITE *Le Nom de la rose*, 1986, avec Christian Slater

JACK NICHOLSON

Il débute au cinéma en 1958 dans un film de Roger Corman, *The Cry Baby Killer*. En 1963, il fera ses débuts de scénariste en écrivant *Thunder Island*. En 1964, il écrira *Flight to Fury* qui sera réalisé par Monte Hellman. En 1967, Nicholson écrit deux films psychédéliques, *The Trip*, réalisé par Roger Corman, et *Head*, de Bob Rafelson. Il retrouve ce réalisateur pour *Five Easy Pieces (Cinq Pièces faciles)*. Il obtiendra deux nominations aux oscars pour ses performances dans *The Last Detail* (*la Dernière Corvée*, 1973), de Hal Ashby, et *Chinatown* (1974), de Roman Polanski, puis recevra enfin la statuette pour *One Flew Over the Cuckoo's Nest (Vol au-dessus d'un nid de coucou)*, de Milos Forman l'année suivante. Il ne faut pas négliger de nombreux autres films où il est aussi éblouissant, qu'il s'agisse de *The Passenger (Profession reporter)*, de Michelangelo Antonioni, de *The Last Tycoon (le Dernier Nabab)*, d'Elia Kazan, du remake de *The Postman Always Rings Twice (Le facteur sonne toujours deux fois)*, de Rafelson avec Jessica Lange, ou de *Goin'South* (*En route vers le sud*, 1978). À la fin du tournage de *The Missouri Breaks*, le réalisateur Arthur Penn déclarera : « Pour moi, un acteur qui tient le choc en face de Brando s'appelle une star. » La confrontation avec Stanley Kubrick que tous appréhendaient lors du tournage de *The Shining* (*Shining*, 1980) n'aura pas lieu. Nous connaissons tous le sourire de Nicholson. Il a l'air d'un diable. Cette ressemblance sera habilement exploitée par Kubrick, mais aussi dans *The Witches of Eastwick* (*les Sorcières d'Eastwick*, 1987) et dans *Batman* où sa prestation en joker sauve le film. Il faut le voir et le revoir dans *Prizzi's Honor* (*l'Honneur des Prizzi*, 1985), de John Huston. C'est un grand acteur et un être fascinant de toute façon. Sa courte prestation dans *A Few Good Men* (*Des hommes d'honneur*, 1992) en est une preuve.

CI-DESSUS *Le facteur sonne toujours deux fois*

DONALD SUTHERLAND

Il débute au cinéma dans *World Ten Times Over*, de Wolf Rilla. L'année suivante, son nom est accolé à ceux de Peter Cushing et de Christopher Lee sur l'affiche de *Dr. Terror's House of Horrors (le Train des épouvantes)*, de Freddie Francis. Puis il tourne dans *Fanatic* de Silvio Narizzano, avec Tallulah Bankhead et Stefanie Powers. En 1966, il ne fait qu'une courte apparition dans son premier film américain, *Promise Her Anything*, d'Arthur Hiller, avec Warren Beatty. Le suivant est un intéressant récit de la guerre froide tourné par James B. Harris, avec Richard Widmark et Sidney Poitier, *The Bedford Incident* (*Aux postes de combat*, 1965). En 1967, Robert Aldrich lui confie le rôle d'un des *Douze Salopards* (*Dirty Dozen*). Le triomphe de ce film ne lui apporte pas que des rôles à sa mesure, et il faudra attendre 1970 *M*A*S*H*, de Robert Altman, pour retrouver sa folie à l'écran. La même année, aux côtés de Clint Eastwood, il est encore plus fou et aussi drôle dans *Kelly's Heroes (De l'or pour les braves)*, de Brian G. Hutton. Mais il sait aussi émouvoir. Et il le prouvera, notamment dans *Don't Look Now (Ne vous retournez pas)*, de Nicholas Roeg. Il est étonnant en *Casanova* grimé par Fellini (1977) et idéal dans la bouffonnerie de *The Kentucky Fried Movie (Hamburger Film Sandwich)*, de John Landis. En 1980, il revient à des rôles sérieux sous la férule de Robert Redford avec *Ordinary People (Des gens comme les autres)*. Il est fantastique dans le rôle du sergent major Peasy de *Revolution* (1985), de Hugh Hudson. En 1989, il a retrouvé ce réalisateur pour *Lost Angels (le Carrefour des Innocents)* et s'est opposé à Marlon Brando dans *A Dry White Season (Une saison blanche et sèche)*.

CI-DESSUS Donald Sutherland, 1981

JOHN MALKOVICH

CI-DESSUS Portrait pour la publicité des *Liaisons dangereuses*, 1988.

Né en 1953, il débute comme acteur et metteur en scène de la Steppenwolf Company, puis au cinéma à trente et un ans dans *Places in the Heart (les Saisons du cœur)*, de Robert Benton, drame « paysan » durant la grande dépression des années trente. La même année sort *The Killing Fields (la Déchirure)*, de Roland Joffe, où il apparaît en reporter lors de l'évacuation américaine du Viêt-nam. Puis, pour la télévision, aux côtés de Dustin Hoffman, il reprend son rôle dans *Death of a Salesman* (*Mort d'un commis voyageur*, 1985), sous la direction de Volker Schloendorff. Les deux partenaires recevront un Emmy Award. En 1987, il tourne dans une autre pièce filmée, cette fois pour le cinéma et dirigé par Paul Newman : *The Glass Menagerie (la Ménagerie de verre)* d'après l'œuvre de Tennessee Williams, où il est confronté à Joanne Woodward et à Karen Allen. La même année, il tient le double rôle d'un savant et de l'androïde qu'il construit dans *Making Mr. Right (Et la femme créa l'homme parfait)*, de Susan Seidelman, satire sarcastique et mordante du mode de vie américain malgré une histoire cousue de fil blanc. Puis c'est *Empire of the Sun* (*l'Empire du soleil*, 1988), de Steven Spielberg, qui n'obtiendra qu'un succès mitigé, sans doute parce que les effets sont un peu trop appuyés, sans parler de la musique mélodramatique de John Williams. Mais John Malkovich joue avec justesse son rôle de prisonnier de guerre devenu « caïd ». Beaucoup plus fin sera *Dangerous Liaisons (les Liaisons dangereuses)*, de Stephen Frears, où il excellera en vicomte de Valmont aux côtés de Glenn Close et de Michele Pfeiffer. En 1990, il sera le mari jaloux de Debra Winger qui succombe à la typhoïde à la fin de leur parcours initiatique au Sahara dans *The Sheltering Sky* (*Un thé au Sahara*, 1990), de Bernardo Bertolucci. Leurs talents conjugués et la beauté des images de Vittorio Stotaro ne suffiront pas à nous passionner pour ce couple d'Américains oisifs venus revivifier leur amour dans l'épreuve du désert.

JOHN TRAVOLTA

Confiner l'acteur aux rôles qu'il tenait dans *Saturday Night Fever* (*la Fièvre du samedi soir*, 1977), de John Badham, et *Grease* (1978), de Randal Kleiser, aurait été une erreur. Heureusement, le contrat qu'il avait signé avec Robert Stigwood (producteur, entre autres artistes, des Bee Gees et d'Eric Clapton) ne prévoyait que trois films. Le dernier sera *Staying Alive*, réalisé par Sylvester Stallone en 1982. C'est sans aucun doute le pire des trois, et il a largement contribué à couler sa carrière. Et pourtant, Travolta était très efficace dans ces trois films qui reflétaient les aspirations d'une classe sociale donnée à une époque tout aussi déterminée. Si la mode a changé, il a su montrer dans quelques films qu'il savait faire autre chose que danser d'une manière exhibitionniste.

Urban Cowboy (1979), de James Bridges, est une satire du petit peuple des bars texans dans laquelle Travolta ne dépare pas parce qu'il joue bien, prouvant qu'il n'est pas seulement une « jolie petite frappe » ! De même, il est excellent en preneur de son « témoin » d'un meurtre dans *Blow Out*, de Brian De Palma, même si le film est un habile mélange de *Rear Window* (*Fenêtre sur cour*, 1954), d'Alfred Hitchcock, et de *Blow Up* (1966), de Michangelo Antonioni. Attendons *Chains of Gold*, de Rod Holcomb, et *The Tender* avant de l'oublier tout à fait.

CI-CONTRE John Tavolta, portrait pour la publicité de *Grease*, 1978

DUSTIN HOFFMAN

Dustin Hoffman débutera dans d'obscures petites pièces. Toutefois, un jour, sa prestation en rond-de-cuir dans *Journey of the Fifth Horse* dans une salle de la périphérie de New York lui vaudra un Obie Award, soit la reconnaissance de ses pairs. C'est alors que Mike Nichols lui propose le rôle de Benjamin Braddock dans *The Graduate* (*le Lauréat*, 1966). Hoffman a dès lors la réputation d'être un acteur de composition. John Schlesinger le sait et le laisse composer son personnage de Ratso Rizzo face à Jon Voight pour *Midnight Cowboy* (*Macadam Cowboy*, 1969). Idem quand, pour les besoins du script, il est transformé en Peau-Rouge de cent vingt ans dans *Little Big Man* (1970). Mais il sait aussi jouer sans artifice, comme dans *Straw Dogs* (*les Chiens de paille*, 1971). Opposé au bouillant Steve MacQueen dans *Papillon* (1973), de Franklin J. Schaffner, il est également idéal en homme de raison contraint de passer à l'action. En 1974, dirigé par Bob Fosse, il rendra hommage à un célèbre prédécesseur fort controversé en son temps, Lenny Bruce, dans *Lenny*. Puis Alan J. Pakula décide d'adapter à l'écran l'affaire du Watergate et choisi d'opposer Robert Redford à Hoffman. *All the President's Men* (*les Hommes du président*, 1976) fera un triomphe, tout comme un autre film avec Hoffman tourné la même année, *Marathon Man* (1976), de John Schlesinger.

En 1978, c'est le triomphe de *Kramer VS. Kramer (Kramer contre Kramer)*, de Robert Benton. Il sait pratiquer l'auto-ironie comme le montrent les premières scènes de *Tootsie* (1982). En 1985, il se laisse diriger par Volker Schlöndorff pour *Death of a Salesman (Mort d'un commis voyageur)*, chef-d'œuvre d'Arthur Miller. En 1987, c'est l'échec de *Ishtar*, d'Elaine May, vite oublié l'année suivante grâce à *Rain Man*, de Barry Levinson, avec Tom Cruise. En 1989, il revient à la comédie avec *Family Business*. Puis nous le retrouvons en capitaine Crochet vu par Stephen Spielberg dans *Hook* (1991). Le voici dirigé par Stephen Fears dans *Héros malgré lui*, 1992.

CI-CONTRE *Rain Man, 1988*

AL PACINO

En 1966, Al Pacino rentre à l'Actors Studio. En 1969, il débute à l'écran dans *Me, Natalie*, de Fred Coe, une comédie dramatique avec Patty Duke et Martin Balsam. En 1971, Jerry Schatzberg lui fait partager l'affiche avec Kitty Winn dans *Panic in Needle Park (Panique à Needle Park)*.

En 1972, c'est au tour de Coppola de faire appel à ses services pour incarner Michael Corleone dans *The Godfather (le Parrain)*, film qui lui vaudra une nomination à l'oscar. Pacino retourne au théâtre durant un an pour tenir le rôle-titre dans *The Basic Training of Pavlo Hummel*, de David Rabe.

En 1974, il fait son retour devant les caméras avec le rôle-titre de *Serpico*, de Sidney Lumet (autre nomination à l'Academy Award), puis reprend le personnage de Michael Corleone pour *The Godfather II (le Parrain II)*, de Coppola.

En 1975, son interprétation de Sonny dans *Dog Day Afternoon (Un après-midi de chien)*, de Sidney Lumet, lui vaut un premier prix d'interprétation au festival de San Sebastian. Oublions *Bobby Deerfield* (1977), de Sydney Pollack, et admirons-le en jeune avocat impulsif dans *And Justice for All* (*Justice pour tous*, 1979), de Norman Jewison, en inspecteur débutant qui s'introduit dans les milieux homosexuels de Greenwich Village dans *Cruising* (*la Chasse*, 1979), de William Freidkin, en écrivain perturbé par les femmes, dans *Author, Author* (*Avec les compliments de l'auteur*, 1982) d'Arthur Hiller, dans le rôle-titre de *Scarface* (1983), de Brian De Palma, en anonyme entraîné par le tourbillon de l'histoire dans *Revolution* (1985), de Hugh Hudson. Son apparition dans *Dick Tracy* (1990) était également intéressante et son retour en Michael Corleone dans le dernier volet du triptyque « Parrain » ne méritait pas ce désengouement du public. En 1991, James Foley l'a dirigé aux côtés de Jack Lemmon et d'Alec Baldwin dans *Glengarry Glen Ross*. Nous le retrouverons cette année dans un remake de *Parfum de femme* dirigé par Markin Brest.

CI-CONTRE Al Pacino, portrait pour la publicité de *L'Épouvantail*, 1973

ROBERT REDFORD

Il débute au cinéma à vingt-quatre ans dans *War Hunt* (*La guerre est aussi une chasse*, 1961), de Dennis Sanders. Ses partenaires sont John Saxon et le futur réalisateur Sydney Pollack qui le fera tourner dans sept de ses films à partir de 1966. Mais, pour l'heure, Redford retourne à ses premières amours, à savoir le théâtre, avec deux pièces, *Sunday in New York* et *Barefoot in the Park*, de Neil Simon. En 1965, Redford apparaît dans deux films : *Situation Hopeless but not Serious (Situation désespérée mais pas sérieuse)*, de Gottfried Reinhardt, avec sir Alec Guinness, *Inside Daisy Clover (Daisy Clover)*, de Robert Mulligan, avec Natalie Wood. L'année suivante, Arthur Penn en fait le proscrit que toute une ville veut lyncher dans *The Chase (la Poursuite impitoyable)* avec Marlon Brando et Jane Fonda. Puis Sydney Pollack le choisit pour son second long métrage, *This Property Is Condemned (Propriété interdite)*. Redford s'offre une année sabbatique et part avec sa famille en Grèce et en Espagne. Il ne rentre aux États-Unis que parce que son contrat avec les studios l'y oblige. Il reprend son rôle de *Barefoot in the Park (Pieds nus dans le parc)* pour l'écran cette fois, dirigé par Gene Saks aux côtés de Jane Fonda et Charles Boyer.

Sa carrière prend alors un tournant décisif. On le voit tour à tour dans *Tell Them Willie Boy Is Here (Willie Boy)*, d'Abraham

CI-DESSUS *Gatsby le magnifique*, 1974, avec Mia Farrow

PAGE DE DROITE Robert Redford, portrait pour la publicité de *L'Arnaque*, 1973

Polonsky, *Little Fauss and Big Halsey (l'Ultime Randonnée)*, de Sidney J. Furie, *The Downhill Racer (la Descente infernale)*, de Michael Ritchie, puis c'est *Butch Cassidy and the Sundance Kid (Butch Cassidy et le Kid)*, de George Roy Hill, avec Paul Newman, qui en fait une star internationale.

En 1968, Redford a monté sa propre société de production, les Wildwood Enterprises. Des films comme *la Descente infernale, All the President's Men (les Hommes du président)*, de Pakula, *The Candidate (Votez McKay)*, de Michael Ritchie ou même *Ordinary People* – qui marque ses débuts de réalisateur en 1980 – mettent en évidence les forces qui modèlent et parfois écrasent l'individu dans la société américaine. De 1977 à 1980, il a déserté les plateaux pour se consacrer aux problèmes de l'énergie, si l'on excepte deux films tournés l'un à la suite de l'autre, *The Electric Horseman* (*le Cavalier électrique*, 1979), de Sydney Pollack, avec Jane Fonda, et *Brubaker* (1979), de Stuart Rosenberg. C'est un « homme vrai » avant d'être un comédien, et ses personnages en témoignent, qu'il s'agisse de films comme *The Way We Were (Nos plus belles années), Three Days of the Condor (les Trois Jours du condor)* et *Jeremiah Johnson*, en l'occurrence tous trois signés par Pollack, que de *The Natural (le Meilleur)*, de Barry Levinson, qui marque son retour à l'écran en 1984 après quatre ans d'absence. Il s'essaiera à la comédie aux côtés de Debra Winger et de Daryl Hannah en 1986 dans *Legal Eagles (l'Affaire Chelsea Deardon)*, d'Ivan Reitman. En 1980, pour *Ordinary People (Des gens comme les autres)* Redford avait reçu l'oscar du meilleur réalisateur. Son second film, *Milagro*, abordait le thème de la survie des paysans dans un monde industrialisé à l'extrême. Redford ne s'intéressera jamais qu'à des personnages vrais. Nous n'oublierons pas son Denys Finch Hatton dans *Out of Africa*, 1985, de Sydney Pollack, chasseur attaché à ses grands espaces.

En 1993, il nous distrait avec les *Sneakers* (*Les Experts*) et présente sa dernière production *A river Runs Through It* (*Et au milieu coule une rivière*).

EN HAUT Robert Redfort, portrait pour la publicité de *Nos plus belles années*, 1973
CI-CONTRE *Le Cavalier électrique*, 1979, avec Jane Fonda

GÉRARD DEPARDIEU

Né à Châteauroux en 1949, il débute au cinéma à seize ans dans un court métrage de Roger Leenhardt intitulé *le Beatnick et le Minet*. Débuts sans lendemain immédiat qu'il compensera en jouant à la télévision et sur scène, notamment avec la troupe du Café de la Gare, de Romain Bouteille. En 1971, il redébute à l'écran dans un film de Marguerite Duras, *Nathalie Granger*, et dans *le Cri du cormoran*, de Michel Audiard. Il tourne dans une dizaine de films durant les deux années suivantes. Et, en 1973, c'est le succès considérable des *Valseuses*, de Bertrand Blier. Il peut se permettre de jouer des rôles peu conventionnels. Ainsi, il entrera dans les délires de Marco Ferreri avec *La Ultima Donna* (*la Dernière Femme*, 1975), de Serge Gainsbourg, avec *Je t'aime, moi non plus* (1975) ou de Bertrand Blier avec *Préparez vos mouchoirs* (1976) et *Merci la vie* (1990), tout en « composant » davantage, comme avec Jacques Rouffio pour *Sept Morts sur ordonnance* (1975) et *le Sucre* (1978).

Il sera plus sobre dans *Mon oncle d'Amérique* (1978), d'Alain Resnais et Henri Laborit. Il saura aussi passer sous les fourches caudines de Maurice Pialat pour *Loulou* (1980), *Police* (1986) et *Sous le soleil de Satan* (1987), après s'être transformé en « être médiéval » pour *le Retour de Martin Guerre* (1982), de Daniel Vigne. On connaît le succès remporté par « son » *Cyrano* (1990). Avec *Green Card* (1991), Peter Weir lui a fait « transformer l'essai », et s'il n'a pas eu l'oscar pour de sombres raisons, il a tout de même reçu le Golden Globe Award le 19 janvier 1991. Il ne faut pas oublier sa formidable prestation dans *Uranus* (1990) et en 1991 *Tous les matins du monde*, d'Alain Corneau. En 1992, pour la Paramount et Ridley Scott, il incarne Christophe Colomb.

CI-DESSUS *1900*, 1976

WILLIAM HURT

Après avoir fait ses débuts sur scène à la fin de l'école primaire en incarnant George Washington dans la pièce *Stars and Stripes*, on retrouve William Hurt à Londres où il suit des cours d'art dramatique, puis à New York pour trois autres années à la Juilliard School. Il fait ses vrais débuts dans l'Oregon à l'occasion d'un festival Shakespeare.

En 1978, il est le partenaire de Sissy Spacek dans une production PBS-TV, « Verna : USO Girl ». Deux ans plus tard, il débute au cinéma dans *Altered States (Au-delà du réel)*, de Ken Russell. L'année suivante, il tourne dans deux films fort différents : dans *Eyewitness* (*l'Œil du témoin*), de Peter Yates et dans *Body Heat (la Fièvre au corps)*, de Lawrence Kasdan. En 1983, Hurt et Kasdan se retrouvent pour *The Big Chill (les Copains d'abord)*, avec Tom Berenger, Kevin Kline, Glenn Close et Jeff Goldblum. La même année, il crée l'étonnant personnage de l'officier milicien russe qui découvre l'alliance du KGB avec un businessman véreux américain (Lee Marvin) dans *Gorky Park*, de Michael Apted. En 1984, sa performance dans le rôle de Luis Molina, homosexuel et « mouton » partageant la cellule d'un prisonnier politique (Raul Julia) dans *Kiss of a Spider Woman (le Baiser de la femme-araignée)* lui vaut de recevoir l'oscar (1985) du meilleur acteur. Puis il rejoint la réalisatrice Randa Haines pour tourner au Canada *The Children of the Lesser God* (*les Enfants du silence*, 1986), où il tient le rôle d'un professeur hors pair pour les sourds et malentendants. Interprétation remarquable, comme celle qu'il donne en 1987 pour *Broadcast News* de James L. Brooks, dans un registre fort différent. Il réussit à faire de Tom Grunick, présentateur de télévision aussi habile que superficiel, un personnage attachant. En 1989, il retrouve Kasdan et Turner pour *The Accidental Tourist (Voyageur malgré lui)*.

En 1993, il effectue un retour en force sur les écrans avec l'adaptation de *la Peste*, d'Albert Camus, dirigé par Luis Puenzo.

CI-CONTRE William Hurt, portrait pour la publicité de *Broadcast News*, 1987

RICHARD GERE

Né à Philadelphie le 31 août 1950, Richard Gere a grandi à Syracuse, dans l'État de New York. Après avoir fait ses humanités à l'université du Massachusetts, il débute sur scène à la Provincetown Playhouse, puis joue avec le Repertory Theatre de Seattle. En 1971, il présente un opéra-rock, intitulé *Soon*, à New York. Puis à Broadway, il tient le rôle de Danny Zuko dans *Grease*. Il présentera aussi cette comédie musicale à Londres. En 1974, Milton Katselas le fait débuter au cinéma dans *Report to the Commissioner*. Si en 1976 il apparaît dans *Baby Blue Marine*, de John Hancock, c'est en amant meurtrier de Diane Keaton dans *Looking for Mr. Goodbar* (*À la recherche de M. Goodbar*, 1977), de Richard Brooks, qu'il est remarqué par la profession. L'année suivante, il tient deux rôles tout aussi étranges dans *Days of Heaven (les Moissons du ciel)*, de Terrence Malick, avec Sam Shepard et Brooke Adams, et *Bloodbrothers (les Chaînes du sang)*, de Robert Mulligan, avec Paul Sorvino. 1979 sera une année importante pour l'acteur parce qu'il créera le personnage de Julian Kay, l'*American Gigolo* vu par Paul Schrader (scénariste et réalisateur).

En 1981, *An Officer and a Gentleman (Officier et gentleman)*, de Taylor Hackford, lui apporte la consécration. S'il ne fait pas oublier Belmondo dans le remake d'*À bout de souffle*, de Godard, *Breathless* (1982), il s'en tire fort bien face à un vieux routier comme Michael Caine dans *The Honorary Consul* (*le Consul honoraire*, 1984), de John McKenzie. L'année suivante, il incarne le musicien de jazz Dixie Dwyer dans *The Cotton Club (Cotton Club)*, de Francis Ford Coppola, puis le personnage biblique de David dans *King David* (*le Roi David*, 1985), de Bruce Beresford. Il sera beaucoup plus intéressant en flic pourri dans *Internal Affairs* (*Affaires privées*, 1988), de Mike Figgis, puis dans *Pretty Woman* aux côtés de Julia Roberts en 1990.

CI-CONTRE Richard Gere, portrait pour la publicité de *American Gigolo*, 1979

HARRISON FORD

Son nom est lié aux deux héros les plus populaires du film d'aventures modernes : Indiana Jones et Han Solo. Depuis plusieurs années, sa carrière est étroitement liée à celle de George Lucas et Steven Spielberg, rois du box-office. Pourtant, peu après ses débuts à l'écran, on lui avait déclaré qu'il n'avait guère l'étoffe d'une star : garçon d'étage dans son premier film, *Dead Heat on a Merry-Go-Round* (*Un truand*, 1966) de Bernard Girard, garçon d'étage il resterait ! Or, vingt ans plus tard, il a été la vedette des cinq plus grands succès cinématographiques de tous les temps.

Sous contrat à la Columbia, il apparaît dans des films aussi stéréotypés que ces rôles, comme *The Long Ride Home* (*la Poursuite des tuniques bleues*, 1967), de Phil Karlson. D'un commun accord, la maison de production et l'acteur débutant décident d'« arrêter les frais ». Universal le reprend pour un contrat similaire de sept ans. En 1970, après quelques apparitions à la télévision et quelques rôles dérisoires au cinéma, il abandonne le métier et devient charpentier.

Trois ans plus tard, c'est la rencontre avec George Lucas. Pour *American Graffiti* (1973), Ford tient le rôle d'un pilote de dragster. L'année suivante, Francis Ford Coppola l'engage pour interpréter un tueur à gages dans *The Conversation* (*Conversation secrète*, 1974) aux côtés de Gene Hackman. Enfin, en 1977, Lucas retrouve l'acteur pour incarner Han Solo, adepte de la libre entreprise et, de ce fait, opposé à l'Empire. Le succès de *Star Wars* (*la Guerre des étoiles*, 1977) sera phénoménal. Les deux autres volets de la trilogie recevront un accueil identique. Entre ces deux tournages, Ford créera un nouveau personnage dont les exploits seront bientôt suivis par des millions de spectateurs dans le monde : Indiana Jones, l'archéologue-baroudeur de *Raiders of the Lost Ark* (*les Aventuriers de l'arche perdue*, 1981), *Indiana Jones and the Temple of Doom* (*Indiana Jones et le temple maudit*, 1984) et *The Last Crusade* (*la Dernière Croisade*, 1990), tous trois réalisés par Steven Spielberg sur des scripts de Lucas.

Signalons à ce sujet son apparition en officier de renseignements au début de *Apocalypse Now* (1979) ; clin d'œil de Coppola, sur sa chemise militaire, on lit clairement le nom suivant : « Col. G. Lucas » !

En 1982, il tourne pour Ridley Scott dans *Bladerunner* et fait une apparition non créditée dans *E. T. the Extra-Terrestrial (E. T. l'Extra-terrestre)*, de Spielberg. Le réalisateur australien Peter Weir a laissé l'acteur montrer d'autres facettes de son talent. On n'oubliera pas de sitôt le policier traqué de *Witness* (*Témoin sous surveillance*, 1984), ni le scientifique misanthrope de *Mosquito Coast* (1986). Plus récemment, dirigé par Roman Polanski dans *Frantic* (1988), il a incarné un autre homme de science à lunettes, plongé malgré lui dans une intrigue à la Hitchcock en plein Paris. Il faut aussi parler de sa performance dans *Working Girl* (*Quand les femmes s'en mêlent*, 1989) où, en *golden boy* des opérations boursières, il est tiraillé entre Sigourney Weaver et Melanie Griffith. Faut-il l'oublier dans le trop bavard *Presumed Innocent* (*Présumé innocent*, 1991), d'Alan J. Pakula, bien que son jeu ne soit pas en cause ? Il est remarquable dans cette histoire de rédemption qu'est *Regarding Henry* (*À propos d'Henry*, 1991), de Mike Nichols, et tout aussi efficace dans *Patriot Games* (*Jeux de Guerre*, 1992), de Philip Noyce.

CI-CONTRE *Les Aventuriers de l'arche perdue*, 1981
EN HAUT *Witness*, 1984 avec Kelly MC Gillis
EN BAS *Mosquito Coast*, 1986

JEREMY IRONS

Certains ont comparé son allure de grand bourgeois audacieux à celle qu'avait Leslie Howard dans les années trente. Jeremy Irons a été assistant social et figurant de théâtre (dans le West End) avant d'étudier l'art dramatique à Bristol. Son incarnation de Judas dans la comédie musicale *Godspell* le révèle au grand public qui le retrouve dans une série télévisée intitulée *Brideshead Revisited*. En 1981, Karel Reisz en fait le partenaire de Meryl Streep dans *The French Lieutenant's Woman (la Maîtresse du lieutenant français)*, film qui fera partie de la sélection officielle au festival de Cannes de la même année. En 1983, dirigé par David Jones, il est l'amant de Patricia Hodge, mariée à Ben Kingsley, dans *Betrayal (Trahisons conjugales)*, adaptation de la pièce d'Harold Pinter. Beaucoup plus important pour sa carrière sera son rôle de missionnaire jésuite aux côtés de Robert De Niro dans *The Mission* (*Mission*, 1986) de Roland Joffe. La somptueuse carrière que fera ce film aura des répercussions directes sur la sienne, alors qu'était passé quasi inaperçu son excellent travail d'acteur dans *Moonlighting* (*Travail au noir*, 1982), de Jerry Skolimowski, où il était un contremaître polonais refaisant un luxueux appartement londonien. Citons notamment sa double apparition en jumeaux dans *Dead Ringers* (*Faux semblants*, 1988) du Canadien David Cronenberg, avec Geneviève Bujold, le rôle-titre du *Kafka* (1991), de Steven Soderbergh, dont l'histoire se déroule en 1919, et où il a pour partenaires Theresa Russell et sir Alec Guinness, et enfin un rôle de professeur anglais dans une université américaine qui raconte à ses étudiants l'histoire douloureuse de sa famille durant la Seconde Guerre mondiale, dans *Waterland* (1991), de Stephen Gylenhaal. Et maintenant qu'il a été le partenaire de Juliette Binoche dans *Fatale* de Louis Malle, le public français devrait suivre sa carrière de très près.

CI-CONTRE Portrait pour la publicité de *L'Affaire Von Bulow*, 1990

JEFF BRIDGES

Jeff Bridges débute en 1971 dans le rôle du jeune footballeur battu de *The Last Picture Show (la Dernière Séance)*, de Peter Bogdanovich. En 1972, il incarne un jeune campagnard assez veule dans *Bad Company*, de Robert Benton. La même année, il est le partenaire de Stacy Keach dans *Fat City (la Dernière Chance)*, film de John Huston sur la boxe. En 1974, il fait équipe avec Clint Eastwood dans le premier film réalisé par le scénariste Michael Cimino, *Thunderbolt and Lightfoot (le Canardeur)*. Dans *Hearts of the West* (*Hollywood Cowboy*, 1975), de Howard Zieff, il incarne un scénariste ambitieux qui se retrouve à jouer devant la caméra les cow-boys d'opérette. Suit *Stay Hungry*, de Bob Rafelson (1976). *Heaven's Gate* (*la Porte du paradis*, 1980), de Michael Cimino dure 219 minutes initialement. L'accueil du public est plus que réservé (le film ruinera United Artists), les producteurs remontent le film et Jeff disparaît quasiment de l'écran. En revanche, *Cutter's Way* (*la Blessure*, 1981), d'Ivan Passer, dont le thème est l'après Viêtnam, est mieux accueilli.

En 1983, dans le premier dessin animé de Walt Disney aux images de synthèse, *Tron*, de Steven Lieberger, il affronte le « méchant » David Warner dans un jeu vidéo, mais c'est lui le « méchant » de *Jagged Edge* (*À double tranchant*, 1985), film réalisé par Richard Marquand. Il retrouve notamment Robert Benton en 1987 pour *Nadine–A Bullett-Proof Love (Nadine)*, comédie policière avec Kim Basinger. Il quitte ce rythme sautillant pour incarner *Tucker* (*The Man Had His Dream*, 1988) sous, la direction de Francis Ford Coppola. Tout aussi intéressants sont ses rôles dans *Susan et les Baker Boys (Susie and the Baker Boys)* aux côtés de son frère Beau et de Michele Pfeiffer, et dans *The Fisher King* (1991), de Terry Gilliam, avec Robin Williams.

CI-DESSUS *À double tranchant*, 1985

EDDIE MURPHY

Eddie Murphy a sans aucun doute le vent en poupe, mais pour combien de temps encore ? A vingt ans, il est déjà connu comme acteur comique et vedette de télévision, grâce à Saturday Night Live. A vingt-et-un ans, il s'impose au cinéma dans *48 HRS* (*Quarante-huit heures*, 1982). Élégant et sarcastique, le détenu qu'il incarne gagne sur tous les tableaux face au policier plutôt terne joué par Nick Nolte : peut-être est-ce là son meilleur rôle. Son sourire désarmant et son rire incontournable, de même que le jeu superbe de Dan Aykroyd, contribueront à faire de *Trading Places* (*Un fauteuil pour deux*, 1983) un immense succès.

Dans la comédie policière *The Beverly Hills Cop* (*Le flic de Bervely Hills*, 1984), Eddie Murphy se retrouve pour la première fois en tête d'affiche dans le rôle du flic désinvolte, Alex Foley, initialement écrit pour Sylvester Stallone. Ce sera un énorme succès commercial, dont on a cru bon, hélas, de tourner une suite, où le parler vulgaire et le charme audacieux de l'acteur sont beaucoup trop exploités. Son premier baiser à l'écran, Eddie Murphy le reçoit de la chaste Charlotte Lewis dans *The Golden Child* (*L'enfant sacré du Tibet*, 1986). Dans *Coming to America* (*Un prince à New York*, 1988), il interprète un prince africain naïf venu chercher une fiancée dans la capitale américaine – variante de *Crodocile Dundee*. *Eddie Murphy Raw* (*Eddie Murphy Show*, 1988), film de son one-man show, prouve que la fulgurante ascension de cet acteur laisse de lui l'image d'une super idole riche et adulée. L'avenir nous dira s'il persiste dans cette voie.

A GAUCHE Portrait pour le lancement d'*Un fauteuil pour deux*, 1983, par Mary Ellen Mark

MICHAEL DOUGLAS

Quand on est le fils de Kirk Douglas, choisir le métier d'acteur peut paraître une gageure. Pourtant, Michael Douglas s'en sort plutôt bien. Au départ, il semblait avoir trouvé sa place à Hollywood en tant que producteur, entre autres, de l'excellent *One flew over the Cuckoo's nest* (*Vol au-dessus d'un nid de coucou*, 1975), salué par l'Oscar du meilleur film, et de *The China syndrome* (*Le syndrome chinois*, 1979), où il est sans reproches, face à Jane Fonda, dans le rôle d'un caméraman de télévision essayant de faire toute la lumière sur un incident nucléaire. Dans *Coma* (*Morts suspectes*, 1978), il prête main forte à Geneviève Bujold dans une histoire d'escroquerie médicale. A nouveau, il est le producteur inspiré de deux films à succès, *Romancing the stone* (*A la poursuite du diamant vert*, 1984) et sa suite *The jewel of the Nile* (*Le diamant du Nil*, 1985), dont il est aussi la vedette, auprès de Kathleen Turner. On ne le sent pas très à l'aise en aventurier exubérant, entraîné par une romancière moins osée qu'il n'y paraît.

Il faut attendre Fatal attraction (*Liaison fatale*, 1987) pour s'apercevoir que Michael Douglas peut s'acquitter brillamment d'un premier rôle. Le film, grossièrement caricatural, tient grâce à la présence de l'acteur, ce père de famille qui, à cause d'une aventure sans lendemain, voit sa vie tourner à la catastrophe lorsque sa maîtresse éconduite se métamorphose en furie vengeresse. La même année, dans *Wall Street*, il prouve qu'il a du dynamisme à revendre. Le rôle de Gordon Gekko, affairiste machiavélique, aurait pu être écrit pour son père, mais Douglas Jr s'en sort haut la main et mérite sans conteste l'Oscar du meilleur acteur qui lui sera décerné. Avec ses chemises rayées, ses bretelles rouges, ses répliques cinglantes et son aura de puissance, Gekko est à la fois sympathique et imbuvable : un héros des temps modernes.

A DROITE Portrait pour le lancement de *Wall Street*, 1987, par Andy Schwartz

ROBERT DE NIRO

Il peut tout jouer et il l'a prouvé dès sa première audition devant Brian De Palma, en 1964, alors qu'il préparait son premier film, *The Wedding Party*. Le réalisateur raconte : « De Niro est arrivé un soir. Nous lui avons donné quelques lignes du script. Il s'en est bien tiré, mais quand nous lui avons demandé d'improviser, il s'est montré génial. J'étais sur le point de lui dire qu'il était engagé quand il s'est soudain éclipsé. Vingt minutes plus tard, il est rentré en trombe en déclamant une scène de Cliffort Odets, avec une fougue digne de Lee J. Cobb. J'ai compris alors qu'il pouvait tenir n'importe quel rôle à la perfection. »

Et il n'a alors que vingt et un ans ! Il est vrai que, depuis l'âge de seize ans, il effectue des tournées théâtrales, qu'il a suivi des cours d'art dramatique tant chez Stella Adler qu'à l'Actors Studio et à l'American Workshop. Après deux autres films pour De Palma, *Him, Mom !* et *Greetings*, ainsi qu'une apparition dans *Trois Chambres à Manhattan* (1965), de Marcel Carné, et quelques autres petits films, il est révélé au public par son ami d'enfance Martin Scorsese dans *Mean Streets* (1973) aux côtés de Harvey Keitel. En 1974, il est Vito Corleone dans *The Godfather Part II (le Parrain II)*, de Francis Ford Coppola. C'est la consécration et l'oscar du meilleur second rôle. Dès lors, les propositions affluent. Il en sélectionne trois : d'abord *The Last Tycoon* (*le Dernier Nabab*, 1976), d'Elia Kazan, où il joue en compagnie de Robert Mitchum, Jeanne Moreau, Jack Nicholson et Donald Pleasence, puis *Novecento (1900)*, de Bernardo Bertolucci, avec Gérard Depardieu, Donald Sutherland et Dominique Sanda ; enfin *Taxi Driver*, de Martin Scorsese, avec Peter Boyle, Harvey Keitel et Jodie Foster. Sa remarquable performance est récompensée par un New York Critics Circle Award et une nomination à l'oscar. En 1977, De Niro retrouve son réalisateur fétiche pour *New York, New York* ; cette fois, Scorsese le fait jouer avec Liza Minnelli. L'année suivante, c'est *The Deer Hunter (Voyage au bout de*

À GAUCHE EN HAUT *Les Affranchis*, 1990
À GAUCHE EN BAS *Voyage au bout de l'enfer*, 1978

l'enfer), de Michael Cimino, la première rencontre avec Meryl Streep et une nouvelle nomination à l'oscar. En 1978, sa personnification du boxeur Jake La Motta dans *Raging Bull*, de Martin Scorsese, lui vaut son second Academy Award.

Fan de Jerry Lewis dans *The King of Comedy* (*la Valse des pantins*, 1983), de Scorsese, gangster vieilli dans *Once Upon a Time in America* (*Il était une fois en Amérique*, 1984), de Sergio Leone, amant timide aux côtés de Meryl Streep dans *Falling in Love* (1984), d'Ulu Grosbard, pêcheur repentant dans *The Mission* (*Mission*, 1986), de Roland Joffe, diable dans *Angel Heart*, d'Alan Parker (1986), Al Capone dans *The Untouchables* (*les Incorruptibles*, 1987), de Brian De Palma, flic de base dans l'étonnant *Midnight Run* (1988), il est à chaque fois époustouflant de justesse. Plus récemment, il a tourné aux côtés de Jane Fonda dans *Stanley and Iris* (1989), de Martin Ritt, et dans *The Awakening* (*l'Éveil*, 1991), de Penny Marshall, où il s'oppose à Robin Williams. Citons, pour conclure, son numéro de gangster à la petite semaine dans *les Affranchis* (1990), de Martin Scorsese, où il est l'antithèse d'un Vito Corleone et, plus grave, son interprétation de David Merrill, réalisateur hollywoodien en vue qui, en 1951, se retrouve sur le banc des accusés pour avoir assisté, des années auparavant, à deux meetings communistes. C'est la « chasse aux sorcières » lancée par le sénateur du Wisconsin Joseph McCarthy. En pleine guerre froide, l'Amérique traque l'ennemi intérieur : les rouges. C'est au nom de la liberté de créer que l'acteur choisit ce rôle de victime dans *Guilty by Suspicion* (*la Liste noire*, 1991), première réalisation du producteur Irwin Winkler. Aussitôt après, il retrouve son réalisateur fétiche, Martin Scorsese pour *Cape Fear* (*les Nerfs à vifs*,1991) où il joue, aux côtés de Nick Nolte et de Jessica Lange, le rôle d'un prisonnier décidé à régler certains comptes avec son avocat.

CI-CONTRE *Aux portes de l'enfer*, 1986

ARNOLD SCHWARZENEGGER

CI-DESSUS Portrait pour la publicité de *Terminator*, 1984

Comme son nom l'indique, ce parent par alliance du clan Kennedy est né en Europe. En Autriche, pour être précis, le 30 juillet 1947. Comme son physique nous le montre, Arnold fait du culturisme intensif ! Il sera d'ailleurs champion d'Europe junior à dix-neuf ans, ce qui l'entraînera à partir concourir aux États-Unis dès l'année suivante. Il en profitera pour changer de nationalité et s'inscrire à l'université. En Californie et dans le Wisconsin, il obtiendra respectivement des diplômes d'administration et d'économie. Il poursuivra son entraînement, ce qui lui vaudra d'être quatre fois monsieur Univers et sept fois monsieur Olympe. Il en profitera pour faire du prosélytisme et signera quatre ouvrages sur le *body building*.

Sa carrière cinématographique débute nécessairement par des films très « physiques ». Ses costumes à l'écran mettent en évidence biceps, triceps, etc. Dans *The Long Goodbye* (*le Privé*, 1973), de Robert Altman, on l'entrevoit en monsieur Muscle. Mais dès 1976, dans *Stay Hungry*, de Bob Rafelson, il montre qu'il sait aussi jouer la comédie, et sa prestation lui vaudra un Golden Globe Award. En 1977, il nous offre un documentaire sur le culturisme, intitulé *Pumping Iron*, qui fera beaucoup d'adeptes de cet exercice sur les plages américaines. Puis on le spécialise à la fois dans l'*heroic fantasy* et dans les rôles de « justicier des temps futurs » : *Conan the Barbarian* (*Conan le Barbare*, 1981), de John Milius, *Conan the Destroyer* (*Conan le destructeur*, 1984), de Richard Fleischer, *Terminator* (1984), de James Cameron, *Commando* (1985), de Mark L. Lester, *Predator* (1987), de John McTiernan, etc. Il sort de cette ornière avec *Twins* (*Jumeaux*, 1988), d'Ivan Reitman, dans lequel son frère est Danny De Vito, son antithèse physique. Cette comédie annonce *Kindergarten Cop* (*Un flic à la maternelle*, 1991), mais il tourne avant dans un autre film hyper violent et sans grand objet, *Total Recall* (1990), de Paul Verhoeven, ce qui prouve que le filon n'est pas épuisé, loin s'en faut.

Il nous amusait en premier associé de l'agence de détectives tenue par la pulpeuse Cybil Shepherd dans la série télévisée *Clair de lune*. Nous avions pu apprécier ses talents de comique, et même son don certain pour le chant. Quelques-uns ont même acheté ses disques. Puis, en 1987, à trente-cinq ans, voilà qu'il débute sur le grand écran et dirigé par un autre amuseur, Blake Edwards, le papa de la Panthère rose. De surcroît, pour l'esthétique, on confie un rôle de Miss Catastrophe à Kim Basinger. *Blind Date (Boire et Déboires)* nous laissera sur notre faim ! L'année suivante, Edwards et Willis récidivent avec *Sunset* (*Meurtres à Hollywood*, 1988) dans lequel l'acteur incarne un autre acteur, un aîné, le célèbre cow-boy du muet Tom Mix, tandis que James Garner incarne le célèbre tireur de l'Ouest Wyatt Earp, conseiller technique du premier. Si se greffe sur tout cela une intrigue policière complexe et souvent drôle, Edwards reprend manifestement la critique acerbe de Hollywood qu'il avait entamée avec *S.O.B.* (1981). Et les *aficionados* de Willis seront à nouveau un peu déçus par son côté trop passif sur grand écran.

Aussi va-t-il changer radicalement de cap et tourner dans *Die Hard* (*Piège de cristal*, 1988), de John McTiernan, film d'action par excellence, dans lequel il se pose en rival de Stallone, l'humour en plus. Le succès triomphal de cette production entraînera le tournage d'un *Die Hard II (58 minutes à vivre)*, de Renny Harlin, au rythme tout aussi trépidant. Mais entre ces deux films tous publics à gros budget, Willis s'essaiera au drame intimiste avec *In Country* (*Un héros comme tant d'autres*, 1990), de Norman Jewison. Il y sera excellent en vétéran du Viêt-nam enfermé dans ses souvenirs atroces. En 1991, il reviendra à un ton plus badin pour la comédie *Hudson Hawk (Gentleman et Cambrioleur)*, de Michael Lehmann, après avoir souffert de l'échec de *Bonfire of Vanities* (*le Bûcher des vanités*, 1990), de Brian De Palma. Gageons que ses films suivants, *The Last Boy Scout* (1991), de Tony Scott, et *Billy Bathgate* (1991), de Robert Benton, où il a pour partenaire Dustin Hoffman, lui feront retrouver le succès, sinon de *Die Hard*, au moins de la série télévisée *Clair de lune*.

CI-DESSUS *58 minutes à vivre*

MICKEY ROURKE

Beaucoup de théâtre, un séjour à l'Actors Studio et il apparaît pour la première fois à l'écran dans *1941* (1979), un des rares films de Spielberg qui n'ont pas dominé le box-office. Son tournage suivant n'est pas plus heureux puisqu'il s'agit de *Heaven's Gate (la Porte du paradis)*, de Michael Cimino, film qui va mettre en faillite les United Artists.

Il a deux scènes dans *Body Heat* (*la Fièvre au corps*, 1981) avec William Hurt et on remarque tout de suite son talent. En 1982, Barry Levinson le dirige dans *Diner* aux côtés de Steve Guttenberg et de Kevin Bacon. Le grand public le plébiscite à la sortie de *Rumble Fish* (*Rusty James*, 1983) où il joue le grand frère (et l'idole) de Matt Dillon. On le voit en cousin raisonnable d'Eric Roberts dans *The Pope of Greenwich Village (le Pape de Greenwich Village*, 1983), de Stuart Rosenberg. En 1985, sort dans l'indifférence *Eureka*, tourné quatre ans plus tôt par Nicholas Roegg, mais aussi *The Year of the Dragon (l'Année du dragon)*, de Michael Cimino, où, en flic de choc, il offre au public une nouvelle image : les cheveux blancs, et un grand manteau de tweed qu'il quitte rarement. Il nous refera le « coup du grand manteau » dans *9 1/2 Weeks* (*9 Semaines et 1/2*, 1985) d'Adrian Lyne, avec Kim Basinger dans lequel ils se veulent tous deux d'un érotisme torride. Beaucoup plus intéressante est la rencontre avec Robert De Niro dans *Angel Heart* (*Aux portes de l'enfer*, 1986), de Parker. En 1987, il forme un amusant couple d'épaves avec Faye Dunaway pour *Barfly*, de Barbet Schroeder, d'après une nouvelle de Charles Bukowski. Puis il incarne un tueur de l'I.R.A. avec un accent irlandais douteux dans *A Prayer for the Dying (l'Irlandais)*, de Hodges. Il se rappelle les cours de boxe qu'il avait pris à quatorze ans pour tourner *Homeboy* (1988), de Michael Seresin, aux côtés de Christopher Walken et de Bob Hoskins, nous refait le coup de l'érotisme torride dans *Wild Orchid* (*l'Orchidée sauvage*, 1989), cette fois avec Jacqueline Bisset et Carré Otis, sous la direction de Zalman King, puis s'enlise dans le remake de *Desperate Hours* (*la Maison des otages*, 1990), de son ami Michael Cimino, film à peine sauvé par la présence d'Anthony Hopkins. Réputé comme lui pour son sale caractère, Don Johnson s'est associé à lui à l'écran pour un road-movie qui devait s'intituler *Harley Davidson and the Marlboro Man*. Plus surprenant est le thriller, *White Sands* (1991) de Roger Donaldson, parce qu'il y est confronté à un autre « marginal » de Hollywood extrêmement talentueux, Willem Dafoe. En attendant, il nous faut nous contenter de son dernier film, *Johnny Handsome* (*Johnny belle gueule*, 1991), réalisé tout de même par Walter Hill.

CI-DESSUS *Aux portes de l'enfer*, 1986

CHRISTOPHE LAMBERT

Né le 20 mars 1957 à New York, de parents français et belge, il fera ses études en Suisse. Il abandonnera l'idée de faire carrière dans les milieux de la finance pour entrer au Conservatoire. Il débute en 1979 dans un téléfilm de Jean-Paul Sassy, *Douchka*. En 1980, il a son premier rôle au cinéma avec *le Bar du téléphone*, de Claude Barrois. La même année, il est aux côtés de Richard Berry dans *Putain d'histoire d'amour*, de Gilles Behat. En 1982, son nom apparaît en fin de générique de *Légitime Violence*, de Serge Leroy. L'année suivante, Hugh Hudson le dirige dans *Greystoke (la Légende de Tarzan)*, film à succès qui va le lancer comme une vedette internationale. Puis c'est *Subway* (1985) de Luc Besson, film dans lequel il confirme son talent malgré un rôle douteux de cambrioleur punk assez stéréotypé. Marco Ferreri le plonge dans l'insolite avec *I Love You* (1986), où il tombe amoureux fou d'un porte-clefs à visage de femme.

Michael Cimino, lui, le plonge dans le désastre avec *The Sicilian* (*le Sicilien*, 1986), le flop américain de l'année (le second du réalisateur, après *Heaven's Gate – la Porte du paradis*, en 1981). Heureusement, la même année sort *Highlander*, de Russell Mulcahy, nettement mieux accueilli. Cinéma d'imagerie pure un peu grandiloquente, mais heureusement tempérée d'humour, grâce à la présence de Sean Connery en mentor du héros ! Si le fait de tourner sous l'eau le rebute et lui fait refuser le rôle de Jacques dans *le Grand Bleu,* de Luc Besson, pour le bonheur de Jean-Marc Barr, Christophe Lambert se rattrape en 1990 avec *Highlander II ; The Quickening (Highlander, le retour)*, succédané du premier, à la sauce écologiste cette fois, du même réalisateur, et toujours avec Sean Connery.

Il a épousé l'actrice américaine Diane Lane, avec qui il a tourné *Love Dream* (1988), de Charles Finch. Depuis, ils ont tourné ensemble dans *Knight Moves* (1991), de Carl Schenkel, dans lequel il est un grand maître des échecs confronté à un assassin qui tue ses victimes comme l'on abat des pièces à ce jeu. En 1992, il est revenu au cinéma français avec *Max et Jeremy*, de Claire Devers, avec Philippe Noiret, un film policier inspiré du roman de Teri White, *les Lamentations de Jeremiah*.

CI-DESSUS Christophe Lambert dans *Greystoke*, 1984

MEL GIBSON

Né à New York en janvier 1956, il a douze ans quand les Gibson émigrent en Australie. Il suivra les cours du National Institute of Dramatic Arts de Sydney, dont il obtiendra le diplôme en 1977. Après quelques tournées théâtrales, il tourne dans *Summer City*, un « road-movie » de Christopher Fraser. En 1979, George Miller le choisit pour tenir le rôle de Max Rockatansky dans *Mad Max*, film réalisé avec 500 000 dollars. L'immense succès de cette production fait presque oublier sa performance en jeune attardé mental dans *Tim* (1979), de Michael Pate. De même, son film suivant, *Attack Force Z* (1980), réalisé par Tim Burstall, passera inaperçu. En 1981, si son public le retrouve pour *Mad Max II, The Road Warior (Mad Max II)*, de George Miller, l'acteur, lui, rencontre Peter Weir qui le fait tourner dans un film plus subtil, *Gallipoli*. L'année suivante, Weir et Gibson s'associent à nouveau pour *The Year of Living Dangerously* (*l'Année de tous les dangers*, 1982). Le film fera partie de la sélection officielle du festival de Cannes 1983. Puis le réalisateur le plus célèbre de Nouvelle-Zélande, Roger Donaldson, lui confie le rôle de Fletcher Christian dans son remake : *The Bounty* (*le Bounty*, 1983), film produit par Dino De Laurentiis, avec Anthony Hopkins, Laurence Olivier et Edwards Fox. Gibson aura moins de succès dans ce rôle que ses deux illustres prédécesseurs, Clark Gable en 1935 et Marlon Brando en 1962. Il tourne alors dans son premier film « américain », *The River* (*la Rivière*, 1984), de Mark Rydell, avec Sissy Spacek et Scott Glenni. La même année, l'Australienne Gillian Armstrong l'oppose à Diane Keaton et à Matthew Modine dans *Mrs. Soffel*, film inspiré d'une histoire vraie survenue à Pittsburgh en 1901 : la femme du directeur de la prison avait fait évader deux condamnés à mort, les frères Biddle. Aussitôt après, il doit retourner en Australie pour le dernier volet de la trilogie Mad Max, *Beyond the Thunderdome* (*Sous le dôme du tonnerre*, 1985), de George Miller et George Ogilvy.

En trois ans, il a enchaîné six films, il craque, boit, perd presque les pédales, décide de s'arrêter et s'installe dans un ranch australien. Il revient à l'écran en 1987 avec le rôle de Martin Riggs. C'est *Lethal Weapon* (*l'Arme fatale*, 1987), de Richard Donner, pour lequel il est payé 4 millions de dollars ! La suite donnée à ce film, comme ses rôles dans *Bird on a Wire* avec Goldie Hawn ou dans *Air America* (1990), de Roger Spottiswoode ne le satisferont pas plus que *Tequila Sunrise* (1990), de Robert Towne, autre film de « commande ». Il surprendra ses détracteurs en *Hamlet* (1991), dirigé par Franco Zeffirelli. En octobre 1991, il lui faut retourner à Los Angeles pour le tournage d'un *Lethal Weapon III*.

CI-DESSUS *Mad Max II*, 1981

KEVIN COSTNER

Il est né le 18 janvier 1955. Après le lycée, il suit des études de marketing à l'université de Fullerton. Durant sa dernière année, il s'intéresse au théâtre et entre à la South Coast Actors' Coop pour acquérir les rudiments de son futur métier. En effet, après une brève incursion dans le monde des affaires, il entre comme régisseur aux Studios Raleigh de L. A. En 1974, il tourne dans *Sizzle Beach, U.S.A.*, de Richard Brander, film à tout petit budget et qui n'a guère plus d'inspiration. Ses producteurs réussiront à le faire passer à la télévision douze ans plus tard, Kevin étant devenu une star. En 1982, il fait une courte apparition dans *Night Shift* (titre vidéo : *le Croque-mort en folie*), de Ron Howard, et si son rôle était plus consistant dans *Frances* (1982), de Graeme Clifford, le montage définitif ne lui laissera qu'une ligne de texte. On ne le verra guère plus dans *Table for Five* (*Une table pour cinq*, 1983), de Robert Lieberman, avec Jon Voight, Richard Crenna et Marie-Christine Barrault. La même année, le sort s'acharne sur lui. Alors que *The Big Chill (les Copains d'abord)*, de Lawrence Kasdan, lance toute une nouvelle génération d'acteurs tels que William Hurt, Glenn Close, Tom Berenger, Jeff Goldblum, Meg Tilly et Kevin Kline, son rôle – celui d'Alex, le suicidé – est aussi coupé au montage ! En 1985, la chance tourne enfin. Il est tour à tour la vedette de *American Flyers (le Prix de l'exploit)*, de John Badham, et un des premiers rôles de *Silverado*, de Lawrence Kasdan, aux côtés de Kevin Kline et de Scott Glenn.

En 1986, Roger Donaldson le dirige avec Gene Hackman dans *Now Way Out (Sens unique)*, thriller d'espionnage qui se déroule dans le Pentagone. Son film suivant lui apporte la gloire. Il y incarne Eliot Ness, l'agent du F.B.I. qui a réussi à faire incarcérer Al Capone à force d'opiniâtreté. Le triomphe de *The Untouchables (les Incorruptibles)* est immense. Trois autres films plus modestes suivront : *Bull Durham (Duo à trois)*, de Ron Shelton, *Field of Dreams (Jusqu'au bout du rêve)*, de Phil Alden Robinson, et *Revenge*, de Tony Scott, avec Anthony Quinn. Mais le sex-symbol qu'est devenu Costner a d'autres talents qu'il va révéler en 1990. Producteur, réalisateur et acteur principal de *Dance With Wolves (Danse avec les loups)*, il va rafler toutes les statuettes ou presque à la remise des oscars de cette année-là, et se voit porté aux nues par la critique unanime qui le comparera à Ford ou à Hawks. Aussitôt après, l'acteur se laissera diriger par Kevin Reynolds aux côtés de Christian Slater et de Mary Elizabeth Mastrantonio dans le rôle-titre de *Robin Hood, Prince of Thieves* (*Robin des bois, prince des voleurs*, 1991). Puis Olivier Stone le laissera épanouir son côté candide et volontaire dans le rôle de Jim Garrison, le « vrai » juge qui a mené l'enquête sur l'assassinat du président John F. Kennedy. Il sera ensuite associé à l'actrice Whitney Houston pour *The Bodyguard* (1991).

CI-DESSUS *Sens unique*, 1986

SAM SHEPARD

Né à Fort Sheridan, dans l'État d'Illinois, il grandit à Cody, dans le Wyoming, et à Duarte, en Californie. Très jeune, il s'occupe d'élevage et, dès son adolescence, participe à des rodéos. Mais cet authentique cow-boy est aussi un intellectuel. Installé à New York où il partage un appartement dans l'East Side avec le fils de Charlie Mingus, il décide de s'essayer au métier de comédien sans succès, ce qui lui inspire une pièce intitulée « Cow-boys », laquelle est bientôt jouée off-Broadway et fait de lui un auteur à succès à dix-neuf ans ! Il en signera une quinzaine d'autres en dix ans, lesquelles lui vaudront plusieurs Obie Awards, et le prix de l'Académie des arts et des lettres de son pays en 1975. Trois ans plus tard, il débute au cinéma dans *Days of Heaven (les Moissons du ciel)*, de Terrence Malick. En 1980, il partage l'affiche de *Resurection*, de Daniel Petrie, avec Elen Burstyn. L'année suivante, il est le *Raggedy Man*, de Jack Fisk, aux côtés de Sissy Spacek et d'Eric Roberts. Sa carrière cinématographique naissante ne l'empêche pas de continuer d'écrire. En 1979, *Buried Child* lui vaudra le prix Pulitzer. De même, il ne se mêle pas au tout-Hollywood. Il s'installe dans un ranch non loin de San Francisco où il élève des appaloosa, et participe toujours à des rodéos. En 1982, on le voit jouer avec sa femme, l'actrice Jessica Lange, dans *Frances*, de Graeme Clifford, biographie filmée de la comédienne Frances Farmer dont le destin fut plus que tragique.

En 1984, il est à la fois l'acteur principal de *The Right Stuff (l'Étoffe des héros)*, de Philip Kaufman, excellent film sur la conquête de l'espace, scénariste de *Paris Texas*, de Wim Wenders, qui remporte la palme d'or à Cannes, et l'auteur d'une pièce qui est présentée simultanément à Londres et à New York, *Fool for Love*. Nous le retrouverons tel qu'en lui-même dans *Baby Boom*, de Charles Shuer (1987), séduisant Diane Keaton. Dernièrement, il a tourné dans *The Voyager* (1991), de Volker Schöndorff.

À GAUCHE *L'Étoffe des héros*, 1983 avec Barbara Hershey

SEAN PENN

Dans la famille Penn, on « naît artiste ». Son père, Leo, est acteur et réalisateur ; sa mère, Eileen Ryan, est très connue sur la scène de Broadway. Sean attendra d'avoir terminé ses études secondaires pour débuter sa carrière de comédien. Pendant deux ans, il fait son apprentissage d'acteur avec le groupe Repertory Theatre de Los Angeles. C'est le jour de ses dix-neuf ans qu'il signe son premier contrat de professionnel ; il est engagé pour un épisode de la série télévisée *Barnaby Jones*. Puis il présente à Broadway *Heartland*, de Kevin Heelan. Si la pièce ne reste pas longtemps à l'affiche, les *casting directors* ont eu le temps d'apprécier son talent et, un mois plus tard, il est choisi par Harold Becker pour tenir le rôle d'Alex Dwyer dans *Taps* (1981). Ce tournage terminé, Sean Penn enchaîne avec *Fas Times at Ridgemont High*, d'Amy Heckerling. En 1982, dans *Bad Boys (les Mauvais Garçons)*, de Rick Rosenthal, il est un jeune inadapté de Chicago confronté à l'univers carcéral. Puis Louis Malle l'engage pour *Crackers* où, en compagnie de Donald Sutherland, il monte un « casse » au planning douteux, dans un magasin qu'il a lui-même équipé d'un système d'alarme !

En 1984, Richard Benjamin fait de lui l'ami d'enfance de Nicolas Cage dans *Racing With the Moon (les Moissons du printemps). On le voit ensuite dans The Falcon and the Snowman* (*le Jeu du faucon*, 1985), de John Schlesinger. L'échec de *Shangai Surprise* (1986), de Jim Goddard, avec Madonna sera bien vite oublié grâce à *At Close Range* (*Comme un chien enragé*, 1986), de James Foley. En 1988, Penn est le jeune équipier du « vieux flic » Robert Duvall dans *Colors*, de Dennis Hopper. Citons encore deux films dans lesquels sa pugnacité de « gentil mauvais garçon » fait merveille, *Casualties of War* (*Outrages*, 1989), de Brian De Palma, où il s'oppose à Michael J. Fox, et *State of Grace* (*les Anges de la nuit*, 1991), de Phil Joanou. Il est récemment passé à la réalisation en signant *The Indian Runner* (*le Messager indien*, 1991).

À DROITE *Les Moissons du printemps*, 1984

NICOLAS CAGE

« Dans le bus qui nous conduisait à l'école primaire, il y avait des petits durs plus âgés que moi, dont le but premier était de piller mon sac pour voler mon excellent déjeuner. Physiquement, je n'avais aucune chance. Alors, je me suis déguisé en "plus vieux qu'eux" : bottes de cow-boy, lunettes noires et le reste. Dès lors, ils m'ont laissé en paix. J'ai réalisé que je pouvais faire "semblant" d'être quelqu'un d'autre que moi et que les gens le croiraient. Plus tard, je me suis passionné pour Franz Kafka, Aldous Huxley et Anthony Burgess. Leurs livres m'ont donné envie d'écrire et aussi de jouer la comédie. Je me suis inscrit à des cours d'art dramatique. » Cette « naissance d'une vocation » décrite par l'acteur lui-même serait exagérée si l'on ne précisait pas que Nicolas est aussi le neveu de Francis Coppola. Après des débuts discrets dans *Valley Girl* (1983), de Martha Coolidge, et *Fast Times At Ridgemont High* (1983), d'Amy Heckerling, il apparaît dans *Rumble Fish* (*Rusty James*, 1984), de Coppola, puis dans *Racing With the Moon* (*les Moissons du printemps*, 1984), de Richard Benjamin, pour aussitôt après retrouver son oncle pour *Cotton Club* (1984). Mais il sera fascinant dans *Birdy* (1984), d'Alan Parker, aux côtés de Matthew Modine. Puis c'est *Peggie Sue Got Married (Peggy Sue s'est mariée*, 1986), de Coppola, où il a pour partenaire Kathleen Turner, qui lui fait pas mal d'ombre ! Ethan et Joel Coen lui donnent le premier rôle de leur comédie enlevée *Raising Arizona (Arizona Junior*, 1987) dans laquelle il forme un couple hilarant avec Holly Hunter. Il sera plus effacé dans *Moonstruck (Éclair de lune*, 1988), de Norman Jewison avec Cher. 1989 ne sera pas une meilleure année pour l'acteur à cause de *Vampire's Kiss (Embrasse-moi, vampire)*, de Bierman, et *Wings of the Apache*, de Green. En revanche, *Wild at Heart (Sailor et Lula*, 1990) le révélera au grand public, ainsi que sa partenaire Laura Dern. Merci, M. David Lynch !

CI-DESSUS *Sailor et Lula*, 1990

TOM CRUISE

Né à Syracuse dans l'État de New York, Tom Cruise débute très jeune et sans grande expérience dans *Taps* (1981), de Harold Becker, aux côtés de Timothy Hutton et de Sean Penn. Puis il part suivre les cours d'art dramatique organisés par Francis Ford Coppola, lesquels déboucheront sur le tournage de *The Outsiders* (*Outsiders*, 1983), film exploitant largement la nostalgie du jeune public pour le « look » James Dean et consorts. La même année, le scénariste-réalisateur Paul Brickman lui donne son premier grand rôle. C'est *Risky Business.* Tom interprète le personnage de Joel Goodsen, un adolescent un peu niais, issu d'une riche famille de l'Illinois, qui, en l'absence de ses parents, transforme le foyer familial en lupanar à grande échelle ! Toujours en 1983, Michael Chapman le fait tourner en Pennsylvanie dans *All the Right Moves* aux côtés de Craig T. Nelson, Lea Thompson et Christopher Walden. Cette fois, il tient le rôle d'un lycéen, vedette de l'équipe de football d'une petite ville minière ; passer « pro » est son seul espoir pour éviter l'usine. Puis c'est *Losin'It* (*American Teenagers*, 1983), de Curtis Hanson, dont le titre français annonce le genre ; c'est l'histoire de l'escapade au Mexique de trois adolescents. En 1984, il tourne à Londres dans *Legend*, de Ridley Scott. Images léchées pour une adaptation d'un conte de Grimm qui plaira aux enfants. Le frère de Ridley, Tony Scott, prend la suite en 1986. Tom Cruise se retrouve aux commandes d'un vrombissant Tomcat (chasseur bombardier F-14) pour ce film de propagande sur l'armée de l'Air U.S. qu'est *Top Gun.* Heureusement, deux films vont relever le niveau de sa carrière. D'abord *Cocktail* (1988), de Roger Donaldson, où il est un provincial venu conquérir New York qui se retrouve barman de charme. Ensuite et surtout, *Rain Man* (1988), de Barry Levinson, où en frères bien différents, Dustin Hoffman et lui rivalisent de talent. Depuis, il a notamment tourné dans *A Few Good Men (Des hommes d'honneur),* de Rob Reiner, adaptation d'une pièce à succès qui s'est jouée à Broadway il y a quelques années, où il interprète un jeune avocat défendant des marines en cour martiale, et *Far and Away* (1991), de Ron Howard, où il est un jeune immigrant irlandais qui rencontre une aristocrate (Nicole Kidman).

CI-DESSUS *Top Gun,* 1986

MATT DILLON

Né le 18 février 1964 à New Rochelle, dans l'État de New York, il est remarqué à quatorze ans par le directeur de casting Vic Ramos (qui deviendra par la suite son agent), alors qu'il faisait l'école buissonnière. Dès son premier film, *Over the Edge* (*Violences sur la ville*, 1979), de Jonathan Kaplan, il est catalogué comme « nouveau James Dean » par la presse et adulé par les adolescentes américaines. En 1980, il séduit Kristy McNichol dans *Little Darlings*, de Ronald Maxwell, puis tient un autre rôle de voyou aux côtés d'Adam Baldwin dans le premier film de Tony Bill, *My Bodyguard* (*Mon garde du corps*, 1980). Il s'inscrit alors à l'Actors Studio pour parfaire sa formation. En 1983, Francis Ford Coppola l'emploie dans deux films pour adolescents tournés l'un après l'autre, *Rumble Fish (Rusty James)* et *The Outsiders (Outsiders)*. Le rythme est donné, le niveau aussi. Dillon enchaîne avec *Target* (1985), d'Arthur Penn, *Rebel* (1985), de l'Australien Michael Jenkins, *Kansas* (1988), de David Stevens, etc. alors qu'il rêve de travailler avec des gens comme Stanley Kubrick ou Woody Allen ! Ce n'est qu'en 1989 que Van Sant Jr. lui propose le rôle délicat de *Drugstore Cowboy*, un junkie complètement déglingué. Le film ne fait ni prosélytisme ni voyeurisme malsain et Dillon se révèle extrêmement efficace. Ce qui explique sans doute le choix de James Dearden pour *A Kiss Before Dying* (*Un baiser avant de mourir*, 1991) dans lequel on voit enfin Dillon sans blouson de cuir noir. À vingt-sept ans, il a déjà une carrière importante derrière lui et aujourd'hui il est enfin sorti du tiroir « voyou à belle gueule ». Tous les espoirs lui sont permis.

CI-DESSUS *Un baiser avant de mourir*, 1991

DANIEL DAY-LEWIS

Petit-fils du producteur britannique Michael Balcon, fils de l'excellente comédienne anglaise Jill Balcon et de l'enseignant et poète réputé Cecil Day-Lewis, Daniel débute à douze ans dans *Sunday, Bloody Sunday* (*Un dimanche comme les autres*, 1971), de John Schlesinger. Peu de temps après, il entre à l'école d'art dramatique du Bristol Old Vic. Par la suite, il fera partie de la troupe de ce célèbre théâtre. En 1982, Richard Attenborough lui offre un petit rôle dans *Gandhi*. Puis Daniel part en tournée avec la Royal Shakespeare Company. En 1983, il tient le rôle de Fryer aux côtés de Mel Gibson dans *The Bounty (le Bounty)*, de Roger Donaldson. Deux ans plus tard, son talent éclectique se révèle dans deux grands films. Sous la direction de Stephen Frears, il devient le voyou homosexuel et néo-nazi de *My Beautiful Laundrette*, dirigé par le très académique James Ivory ; il se montre en triste mais fort honorable parti pour Anglais de bonne famille dans *A Room With View (Chambre avec vue)*. Devenu « tête d'affiche », l'acteur est sollicité par les producteurs de Hollywood. S'il s'égare dans un film de Pat O'Connor qui se veut drôle – *Stars and Bars* (1988) – en interprétant le personnage d'un expert très britannique à la recherche d'un Renoir, il est plus convaincant aux côtés de Juliette Binoche dans *The Unbearable Lightness of Being* (*l'Insoutenable Légèreté de l'être*, 1988), de Philip Kaufman, d'après le roman de Milan Kundera sur le Printemps de Prague. Il incarne ensuite Christy Brown, Irlandais d'une famille nombreuse et pauvre à qui une paralysie spasmodique n'a laissé que la motricité de son pied gauche dès la naissance. Utilisant son pied gauche il commence à peindre. Avec l'aide du docteur Eileen Cole (Fiona Shaw), il apprend à contrôler son élocution, découvre Shakespeare, expose enfin son art. Tiré de l'autobiographie de ce grand peintre de l'enfer intérieur, *My Left Foot*, de Jim Sheridan, vaudra à son interprète principal un oscar.

Daniel Day-Lewis a tous les atouts pour faire une grande carrière. Son succès à venir ne dépend que du choix de ses rôles. Jusqu'à présent, il ne s'est trompé qu'une fois. Et il vient de signer avec la Fox pour tourner sous la direction de Michael Mann une nouvelle version du *Dernier des Mohicans*, puis un film de Martin Scorsese qui s'intitulera *Age of Innocence*.

CI-DESSUS *Chambre avec vue*, 1985

INDEX